Irene Böhme
Die da drüben
Rotbuch 265

Paysage avec mur noir

Irene Böhme
Die da drüben

Sieben Kapitel DDR

Mit Bildern von Wasja Götze

Rotbuch Verlag Berlin

Irene Böhme, geboren 1933 in Bernburg/Saale, Buchhändlerin, studierte Journalistik und später Theaterwissenschaft in Leipzig. Acht Jahre Redakteurin der kulturpolitischen Wochenzeitung »Sonntag«, Berlin/DDR, zehn Jahre Dramaturgin an der Volksbühne am Luxemburgplatz, Berlin/DDR. Lebt seit 1980 in Berlin/West. Theaterkritik für die »Süddeutsche Zeitung«, jetzt Dramaturgin am Schiller-Theater, Berlin.

Wasja Götze, geboren 1941 in Altmügeln/Sachsen, studierte Grafik an der Hochschule für Bildende Kunst Burg-Giebischenstein in Halle. Lebt als Maler, Grafiker und Bühnenbildner in Halle.

Bitte fordern Sie vom Verlag den kostenlosen Almanach
»Das kleine Rotbuch« an.

36.–39. Tausend 1983

Umschlagbild »Wartende, ungewiß und ratlos« von Wasja Götze
Gesamtherstellung: DRUCKHAUS Neue PRESSE Coburg
Printed in Germany.
ISBN 3 88022 265 7

Inhalt

Für Daisy

Germania I
(Anmerkungen
für Heiner Müller)

Die Mauersegler kommen

Am 8. September 1981 unterhielten sich namhafte Leute im ZDF über das Thema »Sind wir noch eine Nation?«. Sie gerieten in Streit, fanden keine Antwort. Einig waren sie sich in der Aufforderung an jedermann, unbedingt in die DDR zu reisen und so den möglichen Mindestbeitrag für Fortbestand oder Wiederbelebung der Nation abzuleisten. Sie ließen außer acht, daß ein zehnjähriger Frankreichaufenthalt aus einem Deutschen keinen Franzosen macht, ein alljährlicher Urlaub in Italien nicht nationale Unterschiede verwischt, die regelmäßige Begegnung mit in Rumänien lebenden Siebenbürgen kein gleiches Lebensgefühl schafft. Sie unterstellten, eine gemeinsame Vergangenheit bringe gemeinsame Zukunft, wenn der einzelne die getrennte Gegenwart nicht akzeptiert. Sie verdrängten, daß sich seit 1945 in Deutschland Ost und Deutschland West unterschiedliche Empfindungen stabilisierten. Beeinflußt vom jeweiligen Gesellschaftssystem veränderten sich die Menschen. Ihr Denken und Fühlen unterscheidet sich auf zahlreichen Gebieten. Das ist durch Gespräche nicht wegzureden. Die hilflos anmutende und zugleich verständliche Aufforderung, die Brüder und Schwestern in der DDR doch wenigstens zu besuchen, kann nur sinnvoll sein, wird mit kühlem Kopf zur Kenntnis genommen, was dabei vonstatten geht.

Messianischer Eifer

Im Osten hat man Westbesuch gern. Die Staatsoberhäupter westlicher Länder machen sich rar. So freut man sich über Messegäste und Gewerkschaftsdelegationen, über Kongreßteilnehmer und Touristen, über Jugendgruppen und sogar über Manöverbeobachter. Wer sich friedlich nähert, ist willkommen. Für sein Wohlbefinden wird mehr getan, als ansonsten im Lande üblich ist.

Wenn möglich, wird dem Gast jeder Wunsch erfüllt, aus Küche und Keller herangeschafft, was sich auftreiben läßt. Das ist so bei offiziellen Besuchen und bei privaten. Der Westgast hat einen Sonderstatus. Erstes Gebot, er soll das nicht bemerken. Aus sachlich nicht zu erklärenden Gründen wird vorausgesetzt, daß jeder Westgast in den materiellen Dingen des alltäglichen Lebens überaus anspruchsvoll ist, er soll nicht entbehren, was er gewöhnt ist. So kommen Arbeiter und Jugendliche in feinste Hotels, so werden Wissenschaftler mit aufwendigen Menus und Tante Alma mit Sekt traktiert. Ist ein Westgast angesagt, sind die Vorbereitungen in Institutionen, Betrieben und Familien von messianischem Eifer. Keiner drückt sich vor zusätzlicher Arbeit, der Parteisekretär und die Putzfrau sind sich einig, daß weder Kosten noch Mühen gescheut werden. Auf das Zauberwort »Westgast« öffnen sich Sonderkontingente für Hotelzimmer, funktioniert die Tischbestellung im Restaurant, holt der Fleischer ein paar Pfund Lendenbraten aus seiner Privatreserve. Unvergleichlich gelassener sieht man Polen und Ungarn, Tschechen und Russen entgegen, niemand stürzt sich in komplizierte Überlegungen, wie ihr Wohlbefinden »auf Weltniveau« zu bringen sei, niemand versucht, unaufgeräumte Ecken zu verbergen. Diese Besuche werden als normal empfunden, diese Besucher haben ähnliche Probleme. Bei ihnen ist man selbst Gast, dort kennt man sich aus, vor ihnen muß man nichts aufpolieren. Ungeniert sitzt man miteinander in ähnlich unzureichender Umwelt und lacht darüber.

Von allen Westgästen sind die Bundesdeutschen und die Westberliner die liebsten und die kompliziertesten. Mit ihnen kann man sich am leichtesten verständigen, was die Sprache betrifft. Ihr Wohlsein soll unter allen Umständen gesichert, ihre mögliche Voreingenommenheit unbedingt ausgeräumt werden. Sie sollen aller Wahrheit, aller Freuden und Leiden des DDR-Lebens teilhaftig werden. Kehrt ein Engländer, Franzose oder Amerikaner Land und Leuten den Rücken und hat nichts davon begriffen, ist das bedauerlich. Passiert Gleiches mit einem Westdeutschen, entsteht eine schmerzhafte Wunde. Ob Willy Brandt oder Helmut Kohl, Walter Leisler Kiep oder

Egon Bahr, eine Gruppe Jusos oder Onkel Erwin, bevor sie eintreffen, verbreitet sich hochgradige Nervosität. Es wird etwas erwartet, das niemand benennen kann.
Der Westdeutsche fährt anders in die DDR, als er nach Italien oder Holland reist. Selbst ein Amerikabesuch oder eine Weltreise sind nicht vergleichbar mit einem Besuch »hinter dem Eisernen Vorhang«. Im unbekannten Terrain ist mit Überraschungen zu rechnen, die weniger kalkulierbar sind als bei einer Safari. Der Entschluß zu dieser Reise ist gewichtiger als der zu jeder anderen. Sie kostet Geld, Überwindung, manchmal Prestige, sie bedarf immer einer Erklärung. Andere Reisen kosten nur Geld. Vor Paßformalitäten, Überlegungen für Gastgeschenke, Fahrt und Grenzüberschreitung steht die moralische Entscheidung. Häufig wird sie befördert durch Samaritergefühl. Das ist ungewohnt. Eine Reise aufgrund ethischer Gesichtspunkte. Bei jedem Meter, den sich der Bundesbürger auf die DDR zubewegt, bei jedem Meter, den er sich in der DDR bewegt, spürt er die Last dieser Entscheidung. Mit überwachen Sinnen und angestauter Energie trifft der Bundesbürger bei seinem Gastgeber ein.

Die erste Begegnung bringt meist die erste Lüge. Beide tun so, als passiere das Normalste von der Welt, als sei dieser Besuch ganz selbstverständlich. Manchmal Bemerkungen nebenbei, wie einfach alles sei, wie dumm die Geschicke des Weltgeschehens, die das erschweren, behindern. Beteuerungen darüber, daß man dieses Getrenntsein nicht anerkenne, die Gemeinsamkeit suche, daß sich soeben erweise, wie problemlos das Zusammenfinden ist.
Gast und Gastgeber haben Vorleistungen erbracht. Beide verschweigen es. Beide erwarten, daß sich das irgendwie lohnen wird, daß der andere diesen persönlichen Einsatz wenigstens bemerkt. Während der »Bundi« und der »Zoni« einander die Hände schütteln oder sich umarmen, sind sie gespannt wie vor einem »match«. Sie empfinden Hilflosigkeit und verbergen sie. Intuitiv entschließen sie sich, das Unbehagliche ihrer Situation zu verschleiern, das »Normale«, das der andere offensichtlich empfindet, zum Leitmotiv der Begegnung zu machen. Die Spannungen aus der

Vorbereitungsphase lösen sich nicht. Das ist so bei offiziellen, inoffiziellen und privaten Treffen.

Ich nehme . . .

Ohne Scham, wie der Richter Azdak in Brechts »Kaukasischem Kreidekreis«, nehmen DDR-Bürger von Bundesbürgern Geschenke an. Sie erwarten das geradezu. Ob Autobahn- oder Visagebühren, Mindestumtausch oder Swing, Jeansanzüge, Kaffee oder bares Westgeld – alles wird genommen. Der Zoni heuchelt, bedauert er den Bundi, weil eine DDR-Reise teurer geworden ist. Ihn stört höchstens, daß sein persönliches Geschenk dadurch kleiner ausfällt, ansonsten ist ihm das gleichgültig. Die Maßnahmen seiner Regierung, den Westlern das Geld abzuknöpfen, verurteilt er nicht. Andernorts zahlen sie schließlich auch, außerdem verkünden sie ständig, wie angenehm sie in ihrem Wohlstand leben. Der Reichtum der Bundesrepublik wurzelt im Marshallplan, deutscher Fleiß hat etwas daraus gemacht. Das ist verdienstvoll, das wurde begünstigt vom Glück der Umstände. Das Pech der DDR war, daß sie Reparationen für den zweiten Weltkrieg zahlte, ihre Fabriken demontieren mußte, den kleineren und ärmeren Teil des ehemaligen deutschen Reiches abkriegte. Ihr relativer Reichtum wurde durch den Fleiß und die Phantasie der Arbeitenden geschaffen. Blüht die Wirtschaft dennoch nicht so, wie sie könnte, gibt sich der DDR-Bürger keine Schuld. Er findet nur gerecht, bekommt er vom Kuchen, der seinerzeit seinen westdeutschen Landsleuten zugeschoben wurde, wenigstens ein paar Krümel rübergereicht. Er bedankt sich nicht einmal dafür.

Selbstverständlich bedankt sich der Beschenkte bei Verwandten und Bekannten. Wortreich bewundert er Qualität, modische Form, technische Ausstattung, erkundigt sich nach Neuheiten und Preisen, beneidet seine Gäste um das reichhaltige Warenangebot in ihrem Land. Der Beschenkte freut sich wirklich und ist gleichzeitig nicht aufrichtig. Er wertet das Geschenk nicht so hoch, wie er vorgibt. Er bemerkt, daß es ein Sonderangebot, ein billiges Supermarktstück, ein Gelegenheitskauf vom italienischen Markt,

ein ausrangierter Gegenstand »immer noch gut genug für die Zone« ist. Trifft das ausnahmsweise nicht zu, bleibt er mißtrauisch. Tief verwurzelt ist in ihm der Komplex vom kleinen Bruder, der alte Sachen aufzutragen und darüber glücklich zu sein hat. Niemals macht er darauf aufmerksam, daß er ebenfalls gediegene Wertvorstellungen hat, daß man zukünftig diese oder jene Dinge nicht über die Grenze schleppen sollte. Weil er das nicht tut, weil er sich nicht wie ein gleichberechtigter Partner verhält, ist er wütend auf sich. Den Unmut über eigene Unzulänglichkeiten zu unterdrücken, ist anstrengend. Es häufen sich die falschen Töne überdimensionaler Höflichkeit. Ein zwanghafter Trieb kommt auf, den Gast ebenfalls zu beschenken, zu verwöhnen, irgend etwas auszugleichen, was auf diesem Wege nicht auszugleichen ist. Die innere Anspannung nimmt zu. Sie entlädt sich oft erst nach Tagen, wenn im vertrauten Kreis der Einheimischen unangemessen bis zynisch über die Brosamen westlichen Konsumterrors gewitzelt wird. Dem ahnungslosen Überbringer der Geschenke wird angelastet, daß man sich ihm gegenüber kleiner gab, als man sich eigentlich empfindet. Hinzu kommt, daß der DDR-Bürger ein anderes Verhältnis zum Geld hat. Für ihn sind 100 Mark für Luxus keine Ausgabe. Soviel muß er bereits zahlen, kauft er ein paar Stücke Käse, einen Schnaps und eine Fischbüchse im teuren Exquisitladen. Daraus erklären sich auch die merkwürdigen Bestellungen teurer Waren.
Der Bundesbürger hat ein sehr genaues Verhältnis zum Geld, es ist wichtigster Seismograph seines Lebens. Er hat Geld in diese Reise investiert, manchmal mehr als in andere, das muß sich auf irgendeine Weise rentieren. Er denkt an Wertgegenstände als Souvenir, an Bücher, Bilder oder Schallplatten. Irgend etwas wird es schon geben, das man gern mit nach Hause nimmt. Ihn verwirrt, daß sein Gastgeber so unangemessen auf die Geschenke reagiert. Nach einigem Nachdenken muß er zu dem Schluß kommen, diese Leute ähneln Halbwilden, denn sie brechen über alltäglichen Plunder in Freudentänze aus, wie jene über ein paar bunte Glasperlen. Der Gedanke erschreckt ihn. Er schämt sich darüber und verspricht, umgehend weitere Geschenke zu schicken. Weil er insgeheim seinen Bruder beleidigte, will er sich einen Ablaß erkaufen.

Während des gesamten Aufenthalts ist der Gast auf Suche nach Waren, die preiswerter sind als in seinem Land. Er tröstet den Einheimischen, lobt die niedrigen Mieten und Restaurantpreise, das billige Brot, zeigt auf das Suppengrün, das nur 20 Pfennige kostet, zwar nicht gewaschen ist, worauf es jedoch nicht ankomme. Aufgeschlossen durchstreift er das fremde Terrain, ständig bemüht, die vorteilhaften Seiten zu entdecken, Preiswertes hervorzuheben, die unkomplizierte Gediegenheit der Dinge nachzuweisen. Er bewegt sich in einer Warenwelt mit unbekannten Zeichen und Marken, mit russischen und bulgarischen Beschriftungen, mit fremdklingenden Vokabeln und Abkürzungen. Tapfer und energiegeladen forscht er, beseelt von dem Willen, die Werte dieses Landstrichs aufzuspüren. Er versucht zu übersehen, was ihm mißfällt, wegzuschieben, was ihm unheimlich ist. Er fühlt sich fremder und einsamer als in manchem westlichen Land. Das macht ihn unsicher, das will er nicht wahrhaben, das bringt ihn dazu, betont locker die Vorzüge der schlichten Lebensart zu preisen. Mit jedem guten Wort, das er ausspricht, vertieft sich die Kluft. Der Ostler hört nur das schulterklopfende Lob, dem er nicht zustimmen und nicht widersprechen will. Er meint, der andere führe eine Farce auf, interessiere sich nicht aufrichtig, pirsche bestenfalls nach günstigem Kauf. Das Mißverständnis bleibt komplett. Es wird sich fortsetzen beim abendlichen Gespräch über Angebote und Preise, Lebenshaltungskosten, Sparanlagen, Grundstückspreise. Sorgfältig und gerecht will der Bundesbürger die Aktiva und Passiva beider Staaten saldieren. Der DDR-Bürger glaubt zu wissen, daß er ärmer dran ist, und empfindet die betuliche Aufrechnerei als Verhöhnung. Wie nutzlos diese Vergleiche sind, bemerkt jeder Beteiligte nach einiger Zeit. Dennoch werden sie weitergeführt, beim nächsten Besuch wiederaufgenommen.

Der Duft der großen weiten Welt

Der Ostbürger ist neugierig. Er hungert nach Informationen, Hintergrundmaterial, Details aus Regionen, die ihm unerreichbar sind. Er schätzt seinen Gast wegen dessen

Welterfahrenheit, ermuntert ihn zu berichten, lauscht stundenlang, stellt sich unerfahren bis dumm, um mehr zu hören. Er fragt die gleiche Person wiederholt Gleiches und fragt andere dasselbe. Er will sich ein Bild machen vom »Duft der großen weiten Welt«, den er niemals riechen wird. Er hofft, das sei möglich, hört er viel und Verschiedenartiges, denn er mißtraut dem Urteil des einzelnen. Seine Sehnsucht, Einblicke in diese fremde Welt zu gewinnen, wird zunehmend neurotisch. Sie läßt ihn Reiseberichte und Bücher kaufen, deren Titel Auslandserfahrungen annoncieren; sie läßt ihn regelmäßig zur Leipziger Messe pilgern und Katalogen nachjagen; sie erklärt die Beliebtheit von Dokumentarsendungen über fremde Länder.
Was der Gast berichtet, wird nicht in Frage gestellt. Zumindest wird das nicht ausgesprochen. Spricht er über Politik, bemerkt der Zoni häufig, daß der Bundi ungenaue Beschreibungen gibt, sich nur oberflächlich beschäftigt hat. Der DDR-Bürger verfolgt regelmäßig »Tagesthemen«, »Panorama«, »Monitor« und »Weltspiegel«, mit Faktenwissen über das Weltgeschehen ist er meist gut gerüstet. Von seinem Gast will er mehr erfahren, als die Medien vermitteln. Nicht selten erfährt er weniger. Der Gast wird befragt, wie es in Rom und Paris sei. Sein wortreicher Bericht enthält, daß auf der »Spanischen Treppe« ein buntes Treiben herrscht und auf der »Place du Tertre« viele Maler stehen, die auch Touristen konterfeien. Das wußte man bereits. Die Reiseberichte der Gäste, die als bedeutende Erlebnisse heraufbeschworen werden, sind meist klischiert. Der Massentourismus scheint nichts anderes zu bieten. Vielgereiste, die zum zwanzigsten Mal London besuchten, beschränken sich auf noch weniger Aussagen, beispielsweise darauf, daß es dort teurer geworden sei. Sie sprechen nicht über touristische Attraktionen, können selten ihr spezielles Erlebnis vom zwanzigsten Besuch vermitteln. Der Zuhörer ist enttäuscht. Er vergißt, daß er bei seinem letzten Bulgarienaufenthalt ebenfalls nur zwischen Hotel, Strand und Markt pendelte, seine Urlaubsbeschreibung möglicherweise ähnlich ausfallen würde. Der Zoni ist fest davon überzeugt, daß der Bundi ihm wesentliche Erlebnisse vorenthält oder daß er unfähig ist, etwas zu erleben, seine Freiräume zu nutzen. Während der Gast quick plaudert,

den Eindruck gewinnt, jedes seiner Worte werde als Offenbarung genommen, erinnert sich der Gastgeber der »sight-seeing«-Busse, die auch sein Land durchkreuzen, der Gesichter, die daraus auf ihn schauen, als sei er ein seltenes Tier in einem Reservat. Er denkt: Die Affen seid ihr.

Das Eigene und das Fremde

Der Gastgeber wechselt das Thema. Er fragt nach der Arbeit, den Arbeitsbedingungen, nach Verhaltensweisen unter Kollegen. Im Osten spricht man ständig von der Arbeit, sie ist beliebtes Thema und ständiger Anlaß zu Meckerei. Der Zoni berichtet von Schwierigkeiten und Verbesserungsvorschlägen, taktischen Kniffen, Produktionsziffern und Planerfüllung, Qualifizierung und persönlichen Erfolgen. Er zeigt, daß er ein Mensch ist, der sein Fach versteht und sich auskennt. Er spielt sich in den Vordergrund, fragt nach technischem »know how«, verkündet stolz, wie unzureichend die Voraussetzungen in seinem Betrieb sind, wie gewitzt er und seinesgleichen unter diesen Bedingungen deutsche Wertarbeit leisten. Der DDR-Bürger ist in seinem Element. Mit Erstaunen lauscht der Gast, stellt Zwischenfragen, versucht zu begreifen. Letztendlich registriert er nur noch die emphatische Beschreibung verheerender Zustände. Er beginnt sich zu langweilen. So etwa hatte er sich das vorgestellt. Unvorstellbar ist ihm, daß ein Mensch in seiner Freizeit darüber genußvoll und weitschweifig meditiert. Arbeit ist für den Bundesdeutschen etwas, das leistet man clever und top-fit. Arbeit ist die Quelle des Erfolges und des Gelderwerbes, kein Thema für geselliges Beisammensein. Bestenfalls spricht man im nachhinein über ein günstiges Geschäft, einen gelungenen Coup. Hat man Schwierigkeiten am Arbeitsplatz, gesteht man es vielleicht dem Lebenspartner, kaum noch den besten Freunden. Geht man nicht ganz freiwillig vorzeitig in Pension, so wird das selbst dem größeren Familienkreis verschwiegen. Der Westmensch ist auf Erfolg programmiert, er hat unaufhörlich drahtig zu erscheinen, seine Schwachstellen zu verbergen. Erlebt er nun, wie wollüstig ihm Schwierigkeiten eines Arbeitslebens

ausgebreitet werden, ist er betroffen und entsetzt. Einzige Erklärung kann für ihn nur sein, daß der DDR-Staat seine Leute total kaputt macht. Spricht er das aus, wandelt sich der Gastgeber zum glühenden Staatsbürger. Er hatte über seine Befindlichkeit, seine Melancholie, seine verinnerlichte Freude an Konflikten gesprochen, seinen Genuß am Fatalistischen als optimistische Lebenshaltung vermitteln wollen, sein kompliziertes Selbstverständnis bloßgelegt. Der andere muß nicht zugehört haben, wenn er jetzt vom Staat redet, individuelles Gefühl in eine politische Kategorie pressen will.
Die tragische Suche nach Gemeinsamkeit gebietet, auch diese Situation zu überspielen. Das Gespräch wird in andere Regionen gelenkt, bevorzugt aufs Auto, da wird man sich immer einig. Der Westdeutsche wird dennoch nicht vergessen können, welchem gebrochenen Menschen er in die Seele schauen mußte, wie abrupt diese unterdrückte Kreatur den Staat verteidigte. Der Ostdeutsche wird nicht vergessen können, daß er sich einem Ignoranten offenbarte, das Gespräch über den Sinn des Lebens mit jemand suchte, der darüber nicht nachdenken will. Beide verdrängen ihr Unbehagen. Wieder erwecken sie den Eindruck, als seien sie einander gleich, als sei ihre Ungleichheit rein zufällig und komme von außen. Der eine weiß nicht, wie stark das Slawische bereits Teil seiner selbst ist. Der andere weiß nicht, wie amerikanisch er in bestimmten Bereichen denkt und fühlt. Beide registrieren das Befremdliche und schieben es beiseite. Es wird weder darüber nachgedacht noch darüber gesprochen. Jeder hält sein Verhalten für normal, ihm kommt nicht der Gedanke, daß er anders ist, weil er über 35 Jahre in einem anderen Deutschland einen anderen Alltag lebte. Das Eigene und das Fremde, das darf es nicht geben. Krampfhaft klammert man sich aneinander, beraubt sich so gewohnter Bewegungsformen, es droht die Erstickung im Bruderkuß.

Nach erstaunlichen Beobachtungen kehrt der Westdeutsche heim, zufrieden mit seiner guten Tat. Er verheimlichte, daß der Geruch der Straßen ihm Gestank war, er übersah Unordnung und Schmutz, fand Landschaft und Kulturdenkmäler sehenswert. Er zügelte seine innere Unrast, stellte sich auf provinzielle Geruhsamkeit ein. Er war ein guter Gast, das hat ihn Nerven und Geld gekostet. Er beschließt, erneut in die DDR zu fahren, denn er hat begriffen, wie wichtig sein Besuch für seine Landsleute ist. Einige Vorurteile legte er ab, sein Urteil über dieses Land bestätigte sich. Er schaudert, erinnert er sich, wie vorsichtig er im Umgang sein mußte, wieviel er nicht offen aussprechen konnte, wie fremd ihm alles war. Nun weiß er genauer, daß ihm seine Sorgen und Nöte lieber sind, daß er nicht nur besser, sondern auch richtiger lebt. Er passiert die Grenze, atmet durch, er ist wieder zu Hause. Im Koffer hat er keine Wertgegenstände, in sich jedoch ein mobilisiertes Wertgefühl.

Der Ostler winkt dem scheidenden Besucher nach mit dem zufriedenen Gefühl, ein guter Gastgeber gewesen zu sein, etwas geboten zu haben, was man andernorts nicht findet. Das hat ihn Nerven und Geld gekostet. Einige Vorurteile hat er abgelegt, sein Urteil über diese Westler hat sich bestätigt, man kann nicht frei und offen mit ihnen reden. Nach diesem Besuch weiß er genauer, daß er zwar ärmer, aber richtiger lebt. Er atmet tief durch, er ist wieder zu Hause. Wie ein Bauer den Zugvögeln sieht er diesen Mauerseglern nach. Sie kommen einmal im Jahr, picken und piepsen, dann fliegen sie weiter.

Vogel und Maschine
oder Arbeit und Freiheit

Privat geht vor Katastrophe oder Der Anteil der Arbeit an der Menschwerdung des DDR-Bürgers

Alljährlich ist zu melden, wieviel Schweine beispielsweise pro Hektar Nutzfläche produziert werden. Das Dorf N. im Mecklenburgischen meldet wahrheitsgemäß 100 Stück. Der Kreisvorsitzende liest das, hat Skrupel ob der geringen Menge und meldet 120 Stück weiter. Der Bezirk, ebenfalls unzufrieden mit der mäßigen Schweineproduktion, schreibt 150 Stück pro Hektar in seinen Bericht. Das Ministerium für Landwirtschaft schaut besorgt auf die Liste und verbessert auf 200 Schweine, das entspricht dem Durchschnittsergebnis der DDR-Landwirtschaft. Der Ministerrat ist entsetzt über dieses Durchschnittsergebnis und meldet 250 Schweine pro Hektar an den Sekretär für Landwirtschaft im ZK der SED. Dieser erhöht die Zahl auf 300 und legt den Bericht Erich Honecker vor. Honecker erkundigt sich, wieviel Schweine denn so durchschnittlich produziert werden. 200 Stück sagt man ihm. Honecker lacht erfreut und ordnet an: Von den 300 Schweinen exportieren wir sofort 100. Die 100 Schweine aus dem Dorf N. gehen in den Export, für den sogenannten Bevölkerungsbedarf bliebt nichts.

Das ist einer der vielen Witze, die man sich in der DDR zum Thema Volkswirtschaft erzählt. Er erhellt die Gelassenheit des Bürgers über Manipulationen sowie die allgemeine Schadenfreude. Die Zeiten, in denen man sich über so etwas aufregte, in denen man Lüge und Korruption bekämpfte, sie sind vorbei. Vorbei sind auch die Zeiten, da man hoffte, bessere Arbeitsleistungen und erhöhte Produktivität würden sich mittelfristig auf den persönlichen Lebensstandard auswirken. Zu viele Unbekannte spielen inzwischen mit, unter anderem die internationalen Wirtschaftskrisen; die Rechnung geht nie auf. Heute geht es deshalb – bildlich gesprochen – nur noch darum, von den 100 Exportschweinen dennoch ein Stück Fleisch abzubekommen. Das zu erreichen, ist jedes Mittel recht – man darf sich nur nicht erwischen lassen.

Das Wertvollste, was der Bürger in diesem existentiellen Spiel hat, ist seine Arbeitskraft. Mit ihr sitzt er am langen Hebel. Das Land leidet an Arbeitskräftemangel. Normale Betriebe dürfen keine Stellenangebote in Zeitungen veröffentlichen, das gilt als Abwerbung. Mit besonderer Genehmigung dürfen Post, Bahn und vereinzelt Industriekombinate auf Plakaten um Arbeitskräfte »aus der nichtberufstätigen Bevölkerung« oder um Lehrlinge werben. Jedoch von den zehn Millionen Menschen im arbeitsfähigen Alter sind bereits acht Millionen berufstätig. Der einfache Mann darf jederzeit in der Zeitung eine Stelle suchen. Öffentlich entsteht so ein falsches Bild: Man liest Gesuche und keine Angebote, obwohl es viele unbesetzte Stellen gibt.
Angst um den Arbeitsplatz kennt der DDR-Bürger nicht. Der Betrieb kann ihm überhaupt nicht kündigen. Selbst wenn er wiederholt straffällig wird, darf er nicht entlassen werden. Kündigung ist kein Disziplinarmittel, sagt das landeseigene Arbeitsrecht; sie wird de facto nur möglich bei »schwerwiegender Verletzung der staatsbürgerlichen Pflichten«, also aus politischen Gründen. Jedermann kann dagegen jederzeit kündigen, die Frist beträgt 14 Tage, und kein Betrieb ist berechtigt, diese Kündigung anzufechten. Der Bürger kann für sich entscheiden, ob er in einem volkseigenen, genossenschaftlichen oder privaten Betrieb arbeitet. Den Löwenanteil an Arbeitsplätzen stellt die volkseigene und genossenschaftliche Wirtschaft, sie zählt 7 781 000 Beschäftigte. Von acht Werktätigen sind also sieben so etwas wie Staatsangestellte. Die freie Wahl des Arbeitsplatzes ist folglich eher eine theoretische. Für bestimmte Berufe gibt es weder einen genossenschaftlichen noch einen privaten Betrieb.
Jeder Mensch im arbeitsfähigen Alter besitzt das grüne SVK-Buch. Es ist eine Kombination von Sozialversicherungsausweis und Arbeitsbuch. In ihm sind seine Daten, seine Ausbildungsabschlüsse, seine Arbeitsstellen, seine Tätigkeiten, seine Krankheiten, Zahnbehandlungen, Imp-

fungen sowie seine Fehltage und Versicherungszahlungen notiert. Dieses Buch braucht er, will er eine Arbeit aufnehmen oder einen Arzt aufsuchen. Es ist ebenso wichtig wie der Personalausweis. Es gibt erste Auskünfte über das Sozialverhalten des Arbeitenden.
Der Weg des Werktätigen durch die Institutionen wird außerdem begleitet von einem geheimnisvollen Dokument: der Kaderakte. Der Betroffene bekommt sie gewöhnlich nie zu Gesicht. Die Kaderakte enthält Paßbild, Fragebögen, Lebensläufe, Beurteilungen, Verweise, Auszeichnungen, Protokolle von Kadergesprächen — kurzum alles, was an Aussagen zur Person zusammengetragen werden kann; gebündelt liegt es im Panzerschrank der Personalabteilung. Bewirbt man sich in einem anderen Betrieb, verfolgt die Akte einen dorthin. Kündigt man, ohne eine neue Arbeit aufzunehmen, verbleibt sie im alten Betrieb. Die Kaderakte begleitet den Bürger vom ersten Arbeitstag an bis zur Rente. Er weiß, daß darin seine guten Taten und Sünden festgeschrieben sind. Er weiß nicht, wie schlampig diese Akten oft geführt sind, wie wenig aussagekräftiges Material sie enthalten. Allein die Existenz solcher Akten genügt, jedermann zu disziplinieren. Eingeschüchtert sind die Leute dadurch nicht. Immer hat der DDR-Bürger im Hinterkopf, daß seine Daten an den verschiedensten Stellen gespeichert sind und daß er sowieso keinerlei Einfluß darauf hat, wie sie verwendet werden. Hat er sich damit abgefunden, gewinnt er eine seltsame Art von Freiheit. Ihm ist gleichgültig, in welchem Licht er der Bürokratie erscheint. Was immer die Funktionäre von ihm halten, auf seine Arbeitskraft können sie nicht verzichten. Das im Kalkül, wird der Werktätige selbstbewußt und versucht, gezielt an die Fleischtöpfe seiner Wünsche zu gelangen.

Suche nach der zweiten Heimat

Nicht jeder kann werden, wozu er Lust hat. Die Planwirtschaft verhindert es. Eine erste Vorauswahl tritt im zarten Alter von 14 Jahren ein. Da entscheidet sich, ob das Kind die »Erweiterte Oberschule« besuchen darf, also das Abitur macht, oder ob es nach zehn Schuljahren Facharbeiter wird.

Wer das Abitur macht, dem ist ein Studienplatz sicher, nicht immer in der gewünschten Fachrichtung. Wer das Diplom oder den Facharbeiterabschluß erreicht, für den gibt es in jedem Fall einen Arbeitsplatz entsprechend seiner Ausbildung. Die Planung funktioniert. Sie bringt mit sich, daß Berufswünsche sehr früh beschnitten werden. In Rudolstadt mußte der Lehrer einer 16jährigen ihren »Traumberuf« ausreden. Sie wollte Verkäuferin für Spielzeug werden, doch eine solche Lehrstelle gibt es in diesem thüringischen Städtchen nur alle drei Jahre. Früh lernt man, derlei Einengungen zu unterlaufen, Umwege zu gehen, um dorthin zu gelangen, wo man sich richtig plaziert glaubt. Das erklärt, weshalb so viele DDR-Bürger mehrere Berufsabschlüsse haben. Sie ruhen nicht, ziehen manchmal von Norden bis Süden, um die Tätigkeit ausüben zu können, die ihnen zusagt. Selbst wenn es Jahre dauert, meist setzen sie ihren persönlichen Anspruch durch.
Auf sein Recht zur »Entwicklung der eigenen Fähigkeiten zum eigenen Nutzen«, das im § 2 des »Gesetzbuches der Arbeit« garantiert wird, pocht jedermann beharrlich. Mit diesem Pfund wird gewuchert. So ist es alltäglich, daß sich Kraftfahrer ohne Führerschein bewerben, Sekretärinnen, die weder Schreibmaschine noch Stenographie schreiben können, Sachbearbeiter, die keinen Schimmer von der Sache haben. Vom Betrieb wird erwartet, daß er die Ausbildung übernimmt und den Lohn für die Planstelle sofort zahlt. Ebenso wird vom Betrieb erwartet, daß er für weitere wissenschaftliche oder technische Qualifikation sorgt oder ermöglicht, die nicht abgeschlossene Schulbildung nachzuholen. Das sind Selbstverständlichkeiten, das steht im Gesetz. Nicht von selbst versteht sich, daß dafür Freizeit und Geld zur Verfügung gestellt wird. Es ist jedoch möglich und üblich. Da die Betriebe gut ausgebildete Arbeitskräfte suchen, locken sie mit großzügigen Angeboten für die Weiterbildung oder mit Wohnungen, was das Nonplusultra an Verführungskunst auf dem Arbeitsmarkt bedeutet.
Jederzeit kann ein Arbeiter einen neuen Beruf ergreifen. Nicht ganz so großzügig können Hochschulabsolventen mit ihrer Arbeitskraft umgehen, sie sollen eine Tätigkeit ausüben, für die sie ausgebildet wurden, das Geld hereinarbeiten, das ihr Studium kostete. Dennoch gibt es zahlrei-

che Ausnahmen. Zwei oder drei Studienabschlüsse – im Fernstudium auf Betriebskosten erworben – sind keine Seltenheit. Der Anteil der Diplomierten, die sich entschließen, als Ungelernte oder Facharbeiter tätig zu sein, steigt unter jungen Leuten.

Viele Gesichtspunkte spielen eine Rolle bei der Suche nach dem richtigen Arbeitsplatz. Häufig gibt das Betriebsklima den Ausschlag. Dem DDR-Bürger ist der Arbeitsplatz zweite Heimat. Er betrachtet ihn als seinen rechtmäßigen Besitz, er will dort mit seinesgleichen möglichst frei schalten und walten. Alle materiellen Vorteile – auf die er durchaus sieht – sind wertgemindert, fühlt er sich nicht wohl. Nicht selten verzichtet jemand auf höheren Lohn und Aufstiegschancen, weil ihm das Betriebsklima mißfällt. Persönliches Wohlbefinden, im Rahmen der vorgezeichneten Möglichkeiten, ist das Wichtigste. Als höchste Grausamkeit gilt, täglich mit Leuten umgehen zu müssen, mit denen man sich nicht versteht. In diesem Punkt ist der DDR-Bürger feinfühlig bis überempfindlich. Er fühlt sich weder als Eigentümer noch als Arbeitnehmer einer abstrakten Staatsmacht. Er fühlt sich erst recht nicht als Lohnabhängiger irgendeines Vorgesetzten. Der Werktätige versteht sich als Nutznießer und wichtigster Bestandteil der Wirtschaft – auf ihn kann nicht verzichtet werden. Der Betrieb ist zwar eine Institution, im täglichen Umgang wird er jedoch wie eine Person behandelt. Man sagt »mein Betrieb« oder »unser Betrieb«, wie man »meine Frau« und»unsere Eltern« sagt. Jeder, der im Betrieb arbeitet, gehört im weitesten Sinne zu einer Art Familie. Deshalb ist wichtig, mit wem man ein Drittel seines Lebens verbringt. Man sucht Gleichgesinnte in allen Arbeits- und Lebensfragen, wechselt den Betrieb, wenn das Kollektiv nicht den persönlichen Vorstellungen entspricht. Eingebettet in das richtige Kollektiv, ist der Werktätige nahezu unverletzbar.

In Abrahams Schoß

Kollektive sind Arbeitsgruppen, Abteilungen, Gewerkschaftsgruppen, Brigaden. Sie sind die kleinste Einheit im hierarchischen Aufbau des Staates und der volkseigenen Wirtschaft. Sie entstanden nach dem sowjetischen Vorbild, um die Arbeitenden zu kontrollieren und zu manipulieren. Brigadier ist der Meister, der Abteilungsleiter oder eine Art Vorarbeiter. Er gehört zum Kollektiv, ist Primus inter pares. Er ist angesehen und einflußreich, verschafft er »seiner Truppe« gute Arbeitsbedingungen und guten Verdienst. Versagt der Brigadier, wird er abgelöst. Ein Kollektiv findet immer Mittel und Wege, unliebsame Personen auszuscheiden. Es hat laut Arbeitsgesetzbuch das Recht »auf schöpferische Mitwirkung an der Ausarbeitung und Erfüllung der Pläne und an der Leitung der Betriebe und der Wirtschaft«. Von diesem Recht macht ein gutes Kollektiv Gebrauch. Ohne seine Zustimmung läuft nichts, was die Interessensphäre der Brigade berührt. Arbeitsabläufe, Planaufschlüsselungen, Lohnerhöhungen, Prämien, Urlaubslisten, alles wird in diesem kleinen Kreis besprochen und abgesegnet. De jure ist die Mitbestimmung durchgesetzt. In welchem Maß sie wahrgenommen wird, hängt vom Grad des gemeinsamen Auftretens ab, von dem Status und Stellenwert, den ein Kollektiv im Gefüge des Betriebes hat. Die Grenzen der Mitbestimmung sind jedermann geläufig. Erlaubt ist Einmischung in wirtschaftliche und soziale Fragen auf Betriebsebene, in Dinge, die das Kollektiv direkt betreffen. Tabu ist alles, was darüber hinausgeht, zur großen Politik wird ausschließlich der Beifall gefordert. Ein Witz erläutert dieses Selbstverständnis des DDR-Bürgers. Man lege die drei Mittelfinger auf den Tisch und klemme Daumen und kleinen Finger unter die Tischkante. Nun versuche man, die drei Finger auf dem Tisch nacheinander anzuheben, und spreche dazu die Losung: »Plane mit, arbeite mit, regiere mit.« Es stellt sich heraus, Zeige- und Mittelfinger sind zu bewegen – »plane mit, arbeite mit« sind möglich. Der Ringfinger ist nahezu steif. Das »regiere mit« erscheint unmöglich, man sollte es folglich gar nicht erst versuchen. Im Unterbewußtsein des DDR-Bürgers hat der Satz von Hegel, daß Freiheit die Einsicht in die Notwendigkeit sei, Wurzeln geschlagen. Im eingegrenzten Raum dieser Freiheit richtet sich die Mehrheit ein und nutzt vorhandene Spielräume.

Die 255 000 Brigaden, die sich im Wettbewerb um den Titel

»Kollektiv der sozialistischen Arbeit« bewerben, die nach dem Motto »gemeinsam sozialistisch arbeiten, lernen und leben« antreten, sind keine gleichgeschaltete Masse. Jedes Kollektiv bestimmt selbst, was es unter dem Deckmantel der bombastisch klingenden Losung verwirklicht. Über vier Millionen Werktätige nehmen an diesem Wettbewerb teil, die Mehrzahl versucht, persönliche Wünsche und Ziele durchzusetzen. So kennt man Brigaden der Knobler und Tüftler, die ständig Verbesserungen des Arbeitsablaufes im Sinn haben, und ebenso Brigaden der Säufer und Bummler, die probieren, wie weit man die Segnungen des »sozialistischen Lebens« ausnutzen kann. Eines haben sie jedoch alle gemeinsam, sie beschäftigen sich mit sozialen Fragen. Die Verkehrsformen am Arbeitsplatz ähneln jenen in frühen handwerklichen Produktionsverhältnissen. Man nimmt sich Zeit füreinander, für Bildung und Information. Das Konkurrenzdenken ist unterentwickelt, das gegenseitige Helfen üblich.

Grundsätzlich weiß jeder vom anderen, wie er den gestrigen Abend verbrachte, was er heute und am Wochenende tun wird. Man kennt die familiären und finanziellen Sorgen, die Liebesgeschichten, die Ansichten und die Freizeitgewohnheiten. Besprochen wird die bevorstehende Krankmeldung, weil die Arbeit im Kleingarten drängt, oder eine lukrative Nebenbeschäftigung lockt; ausgehandelt wird, wie eine Autoreparatur während der Arbeitszeit unterzubringen ist und welcher Kollege heute die privaten Einkäufe für alle erledigt. Bereitwillig werden Tips gegeben, wie man an Wohnungen, Lehrstellen und jedwede Mangelware herankommt, wie man sich bei Scheidungen oder anderen Konflikten verhält. Sogar Materialdiebstähle und Arbeiten auf eigene Rechnung im Betrieb sind keine Geheimnisse, eher Kavaliersdelikte. Am Arbeitsplatz entstehen Freundschaften, die ein Leben lang halten, Ortswechsel und Ehen überdauern. Man ist miteinander vertraut, weil man aufeinander angewiesen ist. Böswillig formuliert: Es ist eine Notgemeinschaft – wie im Luftschutzkeller. Was auch geschieht, der Werktätige kann auf Verständnis und Unterstützung seines Kollektivs rechnen, selbst wenn er irrt, scheitert oder straffällig wird. Die Aussagen eines Vertreters der Brigade haben beim Jugendamt, vor Gericht, bei

allen staatlichen Stellen große Bedeutung. Oft sind sie maßgebend für Urteile.
Entsprechend der plebejischen Tradition feiert man ausgiebig miteinander. Darunter ist nicht nur das Glas Bier nach Feierabend in der Eckkneipe zu verstehen. Das wöchentliche Fest, das früher in Arbeitersiedlungen selbstverständlich war, es findet weiterhin statt, oft im Betrieb, ebenso oft in einer Wohnung. Anlässe finden sich immer. Das Produzieren ist nur ein Bruchteil dessen, was der DDR-Bürger unter Arbeit versteht. So erklärt sich, daß er morgens nicht gern in die Fabrik oder ins Büro geht, daß er dennoch gern am Arbeitsplatz weilt und seine Arbeit liebt. Er versucht, den Arbeitsplatz anheimelnd zu gestalten. Baubuden und Büros werden mit persönlichen Dingen versehen, die vom Geschmack oder der Geschmacklosigkeit der hier Tätigen zeugen. In Großbetrieben und Werkstätten findet man gemütliche Ecken, Oasen für ungezwungene Begegnungen während der Arbeitszeit. Die Ausstattung der Betriebe ist selten luxuriös. Wird der Betrieb modernisiert und zieht zweckbestimmte, kalte Sachlichkeit ein, dann wird viel Phantasie aufgeboten, um die unpersönliche Umwelt zu mildern. Man ist konservativ, liebt das unzureichende, zusammengestückelte Mobiliar, zerstört oft achtlos die neuen Gegenstände. Man hat festgefügte Vorstellungen von der äußeren Beschaffenheit seines Arbeitsfeldes, die setzt man mit lauteren und unlauteren Mitteln durch. Hinter diesen Äußerlichkeiten verbirgt sich ein zäher Kampf gegen Entfremdung.
Der streng hierarchische Aufbau, der die Arbeitenden kontrollieren und manipulieren soll, bewirkt überall dort, wo konkrete Arbeit geleistet wird, einen festen Zusammenhalt. Es schwinden die Ängste vor Vorgesetzten, ebenso vor dem Parteisekretär und dem Kollegen, der »Meldungen macht«, wie es so schön heißt. Es bleiben die Ängste vor dem namenlosen Mitarbeiter des Staatssicherheitsdienstes, der nicht zum Betrieb gehört. Am Arbeitsplatz ist Obrigkeitsdenken weitgehend aufgehoben. Dort gilt, was die Brigade für richtig und notwendig hält. Gegen den einzelnen läßt sich alles durchsetzen, gegen die Brigade fast nichts. So ist der Werktätige gleich dem armen Lazarus in der kleinen Zelle seines Kollektivs geschützt wie in Abrahams Schoß.

Der permanente Bummelstreik

Am Eingang des Restaurants ein Schild: »Bitte warten Sie, Sie werden plaziert«. Vor dem Schild die Gäste, sie ordnen sich diszipliniert zur Schlange. Hinter dem Schild ein gähnend leeres Lokal. Niemand kommt, die Gäste einzuweisen. Kein Gast wagt sich an einen Tisch zu setzen, er würde nicht bedient. Seit Jahren ist das Sitte in der DDR. Als kürzlich die Schilder entfernt wurden, blieben die Gäste weiterhin verunsichert am Eingang stehen, wartend auf ein Zeichen des Personals. Ein eingeschliffener Reflex. Der Bürger weiß, er kann von einem anderen Werktätigen keine Dienstleistung erzwingen. Er selbst wäre auch nicht dazu bereit. Es gilt das ungeschriebene Gesetz, nicht der Kunde, sondern der Arbeitende ist König. In der Präambel des »Gesetzbuches der Arbeit« steht: »Aus der Last der unfreien Arbeit für schmarotzende Ausbeuter wurde die freie Arbeit der Werktätigen für sich selbst und die Gesellschaft.« Das wird wörtlich genommen. An erster Stelle die freie Arbeit für mich selbst, an zweiter die für die Gesellschaft. Obwohl vielen der Text dieses Gesetzes nicht geläufig ist, handeln alle nach dieser Auslegung.

Der Kellner läßt die Tische unbesetzt, stellt grundlos auf einige das Schild »Reserviert«, bedient langsam und mürrisch. Am nächsten Tag versorgt er die Gäste flott, bedient zuvorkommend und freundlich. Im ersten Fall hat er keine Lust auf Gäste. Es ist ihm wichtiger, mit den Küchenmädchen zu plaudern, mit seinen Kollegen die neuesten Fußballergebnisse durchzugehen oder die Zeitung zu lesen. Im zweiten Fall hat der Kellner Lust auf Gäste. Es macht ihm Spaß vorzuführen, wie gut er sein Handwerk beherrscht. Sein persönliches Wohlbefinden ist ihm wichtiger als Trinkgeld.

Das Kellner-Beispiel ist exemplarisch. Es gilt für das ganze Land. Am Gemüse-Konsum hängt das Schild »Wegen Warenannahme geschlossen« – die Verkäuferinnen sind unterwegs, um Salamanderstiefel zu ergattern. An der Kasse des Supermarkts wächst die Schlange – die Verkäuferin bespricht mit einer Freundin ihr Liebesleid. Auf dem Wohnungsamt sind zur offiziellen Besuchszeit alle Bürotüren zugesperrt, hinter einer erschallt Gelächter, man feiert den Geburtstag eines Kollegen. Allerorts gilt die Devise: Privat geht vor Katastrophe. Beschwert sich ein Kunde, hat das kaum Folgen für die Kritisierten. Dem aufgebrachten Bürger wird versichert, man habe »seine Kritik im Kollektiv ausgewertet«. Im Normalfall beschränkt sich die Auswertung auf einen Satz: »Übertreib's nicht, Wilhelm.« Kein Vorgesetzter wird sich wegen solcher Bagatellen mit seinen Mitarbeitern anlegen. Wagt er es, muß er damit rechnen, daß der Ermahnte sofort kündigt. Beschwert sich ein Kunde, hat das meist Folgen für ihn. Er läßt sich besser an diesem Ort nie wieder blicken, denn er hat versucht, seinesgleichen »in die Pfanne zu hauen«. Das ist eine hohe Form der Beleidigung und wird mit Verachtung geahndet. In einem Fahrradladen in Halle verkaufte eine Verkäuferin jahrelang grundsätzlich nichts aus dem Lagerraum. Sie hatte keine Lust, nach hinten zu gehen, womöglich noch auf die Leiter zu steigen. Lagen die Artikel nicht griffbereit im Verkaufsraum, gab es sie nicht. Die Kunden verwunderte das kaum, sie sind daran gewöhnt, die einfachsten Dinge nicht zu bekommen. Nach zwei Jahren fielen der HO-Zentrale der überhöhte Lagerbestand und der niedrige Umsatz auf. Die Verkäuferin wurde – ein seltener Fall in der DDR – fristlos entlassen.

Das Gefühl des DDR-Bürgers für Zeit ist von besonderer Art. Das russische »wsjo budjet«, es wird schon werden, ist zur Mentalität geworden. Das amerikanische »time is money« kommt niemand in den Sinn. Langjährige Erfahrung lehrt, daß es in der zentral geleiteten Wirtschaft vollkommen sinnlos ist, sich bei der Arbeit »zu überschlagen«. Arbeitet man schnell, ist das Material schnell verbraucht, es stoppt die Zulieferung, es entstehen Wartezeiten. Schafft man sein Pensum vorfristig, muß man dennoch die Arbeitszeit absitzen. Die herausgearbeitete Sekunde schlägt auf dem persönlichen Konto nicht zu Buche. Deshalb hat sich eingebürgert, Arbeit erst einmal zu horten, dann läßt sich besser mit ihr umgehen. Variante eins: Die überdimensional angehäufte Arbeit wird termingerecht erledigt, das beweist, wie tüchtig man ist, es winkt die Prämie. Variante zwei: Die überdimensional angehäufte Arbeit wird durch Überstunden oder Sonderschichten geschafft, das bringt Zuschläge und Prämien. Variante drei:

Die überdimensional angehäufte Arbeit wird überhaupt nicht geschafft, man fordert Aushilfskräfte oder zusätzliche Planstellen, also weitere Arbeitskräfte an. Alle drei Arten, mit Arbeit umzugehen, bringen dem Werktätigen Vorteile. Alles schnell zu erledigen und dann herumzusitzen, Wartezeiten zu einem Zeitpunkt zu haben, zu dem man sie nicht für Persönliches nutzen kann, widerspricht dem »sozialistischen Gang«. Lehrlinge, wenn sie in die Praxis kommen, lernen als erstes: »Hier geht alles seinen sozialistischen Gang.« Eben »wsjo budjet«, es wird schon alles werden – Rußland ist groß und der Zar ist weit.
Zu diesem latenten Bummelstreik gehört die heimliche Liebe des DDR-Bürgers zu Krisensituationen, Havarien, Planrückständen, sogar zum russischen »Subotnik«, dem außergewöhnlichen Arbeitstag am Sonnabend oder Sonntag. Verspätet eingetroffene Waggons, die vor Nachteinbruch entladen werden müssen, Naturkatastrophen oder die aufreibenden Jahresabschlüsse in den Buchhaltungen lassen die Leute lauthals schimpfen und versetzen sie dennoch in Entzücken. Es bereitet ihnen außergewöhnliches Vergnügen, komplizierte Aufgaben gemeinsam und schnell zu bewältigen. In solchen Momenten können sie ihre Fähigkeiten zeigen, die sie alltags verdecken. Die Diskontinuität der Arbeitsabläufe gehört zum System. Die Arbeitenden reagieren darauf und schaffen wiederum Diskontinuitäten. Das wirkt sich aufs Lebensgefühl aus: Zeit braucht der Mensch. Er nimmt sich soviel, wie er bekommen kann. So geschieht es, daß der DDR-Bürger dem von Business geprägten Westbürger lethargisch und passiv erscheint, während er eigentlich aktiv die schmalen Vorzüge seines Gesellschaftssystems genießt. Heiner Müller spricht von diesem Vorgang in dem Gedicht »Film«, das mit folgenden Zeilen endet.

O nicht genug zu preisende Langsamkeit
Der nicht mehr Getriebenen! Schöne Unfreundlichkeit!
Der zum Lächeln nicht mehr Zwingbaren!

(aus: Heiner Müller, Geschichten aus der Produktion 1, Rotbuch 108)

Mein Freund, der Plan

»Wo wir sind, ist das Chaos. Leider können wir nicht überall sein.« Mit diesem Spruch zieren die Fahrer der staatlichen Handelsorganisation in Berlin ihre Lastwagen. Die Männer, die da ironisch mit sich und ihrer Tätigkeit umgehen, arbeiten nach Plan. »Mein Freund, der Plan«, künden überall die Transparente. An Betriebseingängen wird im Großformat der »Stand der Planerfüllung« verkündet. Daneben die »Straße der Aktivisten«, die Fotos »unserer Besten« – mit Namen, Alter, Beruf und Beschreibung der Arbeitsleistung. Heiligenbilder des neuen Zeitalters. Anreize für die Triebkraft Ehrgeiz, die einzige, die noch funktioniert. In jedem Kollektiv hängen die Aufschlüsselungen des Plans und des jeweiligen Stands des Wettbewerbs aus. An manchen Arbeitsplätzen steht sogar ein Pappkärtchen mit den Zahlen des »persönlichen Plans«. Der Plan war etwas Abstraktes, als er in den 50er Jahren eingeführt wurde. Heute ist er jedermann vertraut. Man spricht von ihm wie von einem guten Bekannten, reißt Witze über ihn. Man erklärt ihn für »nicht real«, korrigiert oder ignoriert ihn. Plankorrektur und Gegenplan gehören zum Alltag. Der Plan ist kein Menetekel, sondern die heilige Kuh, die es tüchtig zu melken gilt.

Im Wust der Kenn- und Orientierungsziffern, des Planvorschlags, der Plankorrektur, des Gegenplans, des Export-, Absatz-, Produktions-, Material-, Investitions- und Kostenplans findet sich jedermann mittlerweile so gut zurecht, daß er ihn zu seinem Vorteil manipulieren kann. Das System ist einfach. Eine Planvorgabe klickert alljährlich von der Spitze der Hierarchie – Stufe um Stufe – bis zur Basis. Auf jeder Instanz wird versucht, die Zahlen zum eigenen Vorteil zu reduzieren oder zu erhöhen. Am Ende dieser Stufenleiter erhält die Brigade ihre Planvorgabe. Sie sagt, was sie schaffen kann oder will. Kein Planvorschlag darf an die übergeordneten Organe weitergeleitet werden, wenn nicht die Mitgliederversammlung der Gewerkschaft oder die Ökonomische Konferenz, eine Delegiertenversammlung der Gewerkschaft, dazu Stellung genommen hat. Das steht im Gesetz. Ist das geschehen, klickert der Planvorschlag Stufe um Stufe wieder zur Spitze der Hierarchie. Auf diesem Weg kann er erneut manipuliert werden. Das stört den Werktätigen wenig. Er hält sich an das, wozu er sich verpflichtet hat. Meist setzt er die Zahlen so, daß eine Reserve einkalkuliert, die Übererfüllung also möglich ist. Er hütet sich, Reserven zu benennen, und jammert immer wie der Bauer über die schlechte Ernte.

Nun geschieht es jedoch allerorts, daß Pläne nicht erfüllt werden. Das ist kein Dilemma. Dafür gibt es immer Gründe, und die Schuld liegt stets bei den anderen. Bei den Zulieferbetrieben oder dem Mangel an Arbeitskräften, am schlechten Material, am Ausfall von Maschinen, an nicht rechtzeitig realisierten Investitionen. Wenn der Plan nicht erfüllt wird, ist das höhere Gewalt. In solchem Fall wird der Plan mit dem Bleistift erfüllt. Die Ökonomen und Buchhalter haben ihre große Jonglier-Stunde. Gelingt ihnen nicht, aus roten Zahlen schwarze zu zaubern, muß der Betriebsleiter nach Canossa, also beispielsweise zum Kombinatsdirektor gehen. Mit Hilfe von Umverteilungen aus anderen Betrieben wird das Problem meist gelöst. Wenn nicht, geht man noch eine Instanz höher. Das Defizit kann noch so groß sein, in einem Punkt sind sich die Funktionäre immer einig: Die Betriebsangehörigen dürfen dafür nicht büßen. Kein Betrieb kann es sich leisten, die Jahresendprämie für Planerfüllung nicht zu zahlen. Es ist schon schwierig genug zu erklären, daß keine erhöhte Prämie für Übererfüllung gezahlt wird. So passiert es nicht selten, daß Brigaden eine 120prozentige Prämie für Übererfüllung nach Hause tragen, während der Gesamtbetrieb seinen Plan nur mit 90 Prozent erfüllte. Ebenso selbstverständlich ist, daß jeder Betrieb regelmäßig seine Aktivisten auszeichnet – 304 000 waren es 1980 –, daß man Orden, Ehrenzeichen und Sonderprämien vergibt. Im Wettbewerb um den Titel »Kollektiv der sozialistischen Arbeit« gibt es ebenfalls Urkunden und Geldprämien; über 184 000 Brigaden traf dieser warme Regen im letzten Jahr. Das wissend, lächeln die Werktätigen einander zu und sagen: »Bei uns stimmt der Plan immer.«

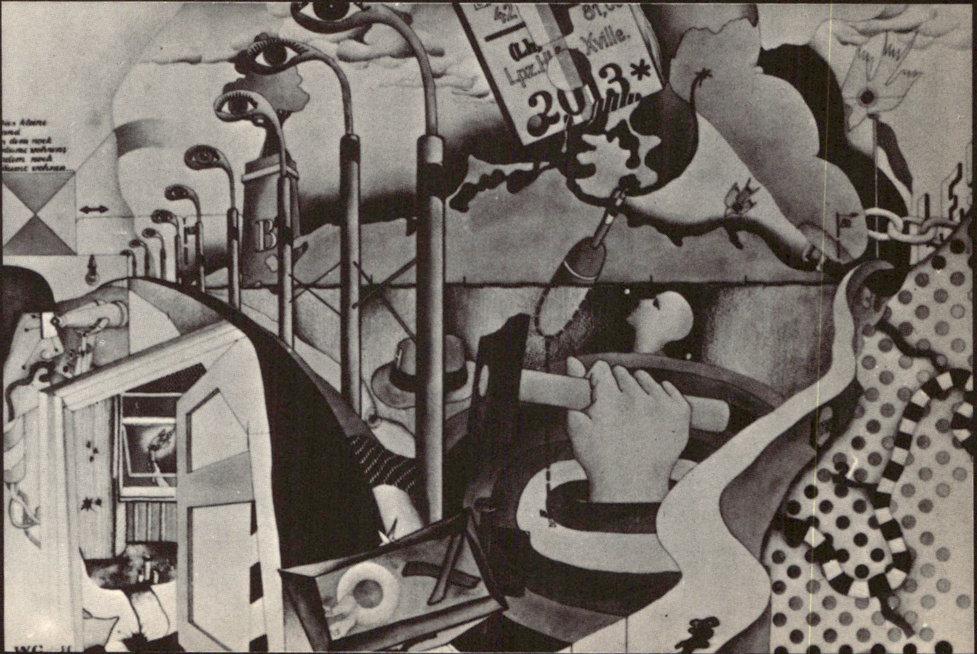

Dies kleine Land in
dem noch Träume wohnen,
indem noch Träume
wohnen. . .

Tropfen demokratischen Öls oder Bürger im Arbeiter- und Bauern-Staat

Was die Schickung schickt, ertrage!
Wer ausharret, wird gekrönt.
(Herder, Die wiedergefundenen Söhne)

»Glauben Sie, meine Herren, es wird kein Haupt über Deutschland leuchten, das nicht mit einem vollen Tropfen demokratischen Öls gesalbt ist.« So schloß Ludwig Uhland 1848 seine Rede in der Frankfurter Paulskirche. Hier wird die Rede von jenen sein, die nicht gesalbt werden. Sie leben ein Jahrhundert später in einem Teil Deutschlands, in der DDR.

Der Staat heißt Hilde

Eine mecklenburgische Bäuerin soll gesagt haben: »Wenn sie diesen Adenauer, der den Krieg mit Rußland begonnen hat, nicht in Amerika erschossen hätten, würde ich ihm noch heute seinen Spitzbart ausreißen.« Diese Art von Witzen, in denen unterschiedliche Politiker (Hitler, Adenauer, Kennedy, Ulbricht) zu einer Person verschmolzen werden, sind nicht selten; sie zeigen ironisches Desinteresse. In der DDR gibt es viele solcher Witze, ihr Nährboden ist die Realität. Man will kein ernstes Eingehen auf »große Politik«. Man macht sich die Erscheinungsformen des Staates zu eigen, indem man banal damit umgeht. Man nimmt das politische Machtinstrument der herrschenden Klasse einfach nicht zur Kenntnis, obwohl man ihm ständig begegnet. In allen Schichten und Altersgruppen handeln Leute so, und es sind wahrlich keine alten oder trotteligen Zeitgenossen.
In einem beliebigen mecklenburgischen Dorf, um das die Industrialisierung der Landwirtschaft keinen Bogen gemacht hat, läßt es sich sehr gut ohne Kenntnisnahme des Staates leben. Den Bürgermeister nennt man beim Vorna-

men, denn er ist der Sohn von Erna, mit der man in eine Klasse ging, oder der Sohn einer Flüchtlingsfamilie, die vor 35 Jahren mit dem Handwagen ankam. In der Post sitzt Trude, im Gemeindebüro Elli, in der Sparkasse der Kreisstadt Ilona, die Tochter von Bekannten aus dem Nachbardorf. In der BHG (Bäuerlichen Handelsorganisation) arbeitet Ursel Meier, die mittlerweile vom Traktoristen geschieden ist, dessentwegen sie vor drei Jahren ins Dorf kam.
Der junge Arzt ist neu, er wird wie der alte »Herr Doktor« genannt. Den Dorfpolizisten, heutzutage ABV (Abschnittsbevollmächtigter), nennt jeder beim Vornamen Hugo. Den kennen alle von Kindheit an. Nach seiner Armeezeit ist er zur Polizei gegangen und dann ins Dorf zurückgekehrt. Der Parteisekretär der LPG (Landwirtschaftlichen Produktionsgenossenschaft) wurde vor sieben Jahren aus der Kreisstadt hergeschickt. Er stammt vom Dorf, ist Brigadier bei den Traktoristen, hat sich gut eingelebt. Gleiches gilt für den Direktor der neuen Tierzuchtanlage, Dr. Berger ist ein Mann, der sein Fach versteht und immer höflich grüßt. Die Lehrer in der Zentralschule sind Alteingesessene, bis auf Fräulein Gräfe, die letztes Jahr kam; man muß abwarten, ob sie bleibt.
Die Leute beschäftigen sich ausschließlich mit Personen. Die Institution interessiert nicht. Entscheidet beispielsweise der Abschnittsbevollmächtigte ungerecht oder trifft Anordnungen, die sinnlos erscheinen, so wird ihm das persönlich angelastet. Er hat versagt, nicht die Polizei. Gleiches gilt für Bürgermeister, Lehrer, Kindergärtnerin und Postbeamte. Sie haben ihren Beruf gelernt, um ihn im Sinne des Bürgers auszuüben. Der Rückgriff des Staatsdieners auf die Allmacht des Staates findet kein Gehör. Ein Mensch darf sich nicht hinter einer Institution verstecken. Nach gleichen Prinzipien wird das Wahlrecht wahrgenommen. Es interessieren nicht Parteien, Nationale Front oder sozialistische Demokratie, es interessieren die Personen, die auf dem Stimmzettel stehen. Da in der DDR die »Kandidaten der Nationalen Front« namentlich auf einem gemeinsamen Stimmzettel aufgeführt sind, ist es möglich, welche zu streichen. Das hat selten Auswirkungen auf das Wahlergebnis, doch solche Überlegungen liegen außerhalb des Denkens dieser Personen.

Leichtfertig wäre anzunehmen, solch partieller Blick auf Staat und Gesellschaft sei nur noch im abgelegenen Dorf möglich. Für den Industriearbeiter in Sachsen und Thüringen kann Gleiches zutreffen wie für den Landarbeiter im Ostseebezirk. Er wohnt in der Kleinstadt oder der Vorstadtsiedlung seit Generationen, er arbeitet in der Fabrik, in der schon sein Vater arbeitete. Seine Kollegen sind aus dem gleichen Ort oder dem Nachbardorf, die wenigen staatlichen Stellen (Meldeamt, Post, Sparkasse, Schule), mit denen er sich im Alltag konfrontiert sieht, sind besetzt mit Leuten, die er kennt. Selten wechseln die Meister, häufiger die Betriebsingenieure, der Wechsel des Werkdirektors berührt den Arbeiter und sein Leben schon nicht mehr.

Diese Verhaltensweise hat bäurische wie plebejische Tradition. Der Landarbeiter wie der Fabrikarbeiter messen ihre Lebenslage vorrangig an ihrem Sein, das durch Handlungen von Personen ihrer Umwelt beeinflußt wird. Ideologien, Versprechungen auf die Zukunft, überregionale Ideen sind nicht ihre Sache: Der Pudding erweist sich beim Essen. Früher interessierte nicht die Religion, sondern der Pfarrer, heute nicht die Partei, sondern der Parteisekretär. Ein Teil der DDR-Bevölkerung sieht darauf, daß sein Leben durchschaubar bleibt. Man sträubt sich gegen Anonymität, weigert sich, einen abstrakten Staat anzuerkennen, nennt stattdessen einen Vornamen, Hilde beispielsweise.

Eine inaktive, konformistische Abart dieser Grundhaltung – weniger interessant, aber ebenso verbreitet – ist, den Staat wie das Wetter zu betrachten. Das Wetter kann man zur Kenntnis nehmen, nicht beeinflussen. Regnet es, nimmt man den Schirm, scheint die Sonne, genießt man es.

L'Etat c'est moi

Der Staat bin ich ... sind wir ... unser Staat ... meine DDR. Das steht auf Plakaten zu Parteitagen und Wahlen, das ist in Zeitungen zu lesen – es wird der Agitation und Propaganda zugeschrieben, als habe es nichts mit der Realität zu tun. Weit gefehlt. Seit seiner Gründung identifizieren sich Menschen mit diesem Staat. Sie kämpften gegen den Faschismus oder gehören der Generation an, die nach 1945 entsetzt das Erbe der Väter erkennt und sich den wenigen anschließt, die aus Konzentrationslagern und Emigration heimkehren, um ein »anderes Deutschland« einzurichten. Die Jungen verachten die Taten ihrer Eltern und ihr Schweigen. Sie wollen alles besser machen:

»Fort mit den Trümmern
Und was Neues hingebaut
Um uns selber müssen wir uns selber kümmern
Und heraus gegen uns, wer sich traut.«

Das Aufbaulied, von Bertolt Brecht 1947 geschrieben, trifft die Stimmung. Es wird zum Programm, aktiviert noch Jahre junge Leute. Später ist es ein klassisches Lied, das Schulchöre flott und unbeteiligt zum besten geben. Auf einer Abiturfeier 1974: »Unsere Eltern hatten keine Kofferradios, trugen nicht so schicke Jeans wie wir, dafür hatten sie etwas anderes, ein Ziel vor den Augen.« Die 18jährigen Softies singen als Reverenz für die Alten: »Du hast ja ein Ziel vor den Augen / Damit du in der Welt dich nicht irrst . . .« Die Jungen singen das, aber sie begreifen es nicht. Die Eltern hören es, sie begreifen: Die Freiräume ihrer eigenen Jugend sind zugebaut. Der Staat ist errichtet, er verfügt über Armee, Polizei, Gericht, Regierung. Verwaltungsapparat, Parteien, Presse, Rundfunk, Kultur, Wirtschaft und sämtliche Bildungseinrichtungen. Der Staat ist straff organisiert, Ordnung und Disziplin sind sein oberstes Gebot. Wer sich einfügt, kann unbehelligt darin leben. Niemand soll etwas verändern, jeder soll anerkennen: Dieser Staat, so wie er ist, ist der bestmögliche Staat.

Die erste FDJ-Generation nach dem zweiten Weltkrieg ist überzeugt: Der Staat stirbt ab. Das klassische Instrument der Klassenunterdrückung soll nur noch für eine kurze Übergangsperiode benutzt werden. Staatsmacht ist notwendig, um in Zeiten des Mangels die Waren gerecht zu verteilen. Staatsmacht ist notwendig, um Gestrige zur Räson zu bringen oder zu verjagen. Staatsmacht ist notwendig, um den Wiederaufbau und die neue Gesellschaft zu organisieren. Als Freizeitbeschäftigung, als gesellschaftliche Arbeit organisieren die Jungen Enttrümmerung und Aufbau der Fabriken, bauen die Talsperre Sosa und legen die Sümpfe der Wische trocken. Man wird Facharbeiter, macht das Abitur an der ABF (Arbeiter-und-Bauern-Fakultät), studiert an Universitäten und neuerrichteten Akademien. An der Verwaltungsakademie in Forst-Zinna zum Beispiel, die später in Potsdam zur Akademie für Staat und Recht wurde. Nomen est omen. Die jungen Menschen ergreifen Berufe, die im weitesten Sinne Beamten-Berufe sind, denn die Fabriken, die Läden, die Arztpraxen, der Zwischenhandel, die Theater und die Friseurgeschäfte (von Ausnahmen abgesehen) sind verstaatlicht. Staatsangestellter ist ihr Status, und das hat Folgen. Sie lernen das Fachliche von den wenigen älteren Fachkräften, die dem neuen Staat Loyalität versprechen. Sie lernen die Organisation von den alten Kommunisten und der Besatzungsmacht. Die Jugend bringt nichts ein, außer ihrem Elan. Mit ihm errichtet sie nach vorgegebenen Mustern eine Gesellschaftsordnung, die sie für neuartig hält, nur weil sie von ihr gemacht wird. Bemerkt wird nicht, daß preußische Verwaltungstradition und großrussisches Zentraldenken beim Aufbau des »demokratischen Zentralismus« eine unheilige Ehe eingehen. Verlangt wird »Einsicht in die Notwendigkeit«. Mit fortschreitender Entwicklung wandelt sich die Devise zum jesuitischen »Der Zweck heiligt die Mittel«. Was heutzutage mit »Sachzwängen« apostrophiert wird, steht an der Wiege des ersten deutschen Arbeiter-und-Bauern-Staates. Ohne Gewissensbisse werden in den 50er Jahren Mittelbauern mit überhöhten Naturalabgaben belegt, private Einzelhändler kaum beliefert, Handwerksbetriebe unter Steuerdruck gesetzt. Gleichzeitig erhalten Neubauern vorrangig Saatgut und Maschinen, bekommen der staatliche Handel und die Produktionsgenossenschaften des Handwerks bevorzugt Waren und Material. Sind nicht ausreichend Güter vorhanden, wird ungerecht verteilt. Das ist der Klassenkampf. Für bürgerliche Humanitätsduselei und Gleichmacherei ist kein Platz. Im Gefolge dieser Manipulationen und des objektiven Mangels entwickeln sich Korruption und Schwarzmarkt. Die Verteiler des wenigen geraten in gottähnliche Positionen. Nach einiger Zeit glaubt der gottähnliche Staatsdiener an seine Unfehlbarkeit, trifft im guten Glauben schlechte Entscheidungen. Da der Staat nicht abstirbt, sondern der Staatsapparat wuchert, wächst auch die Zahl der kleinen Götter. Der Direktor von Zeiss-Jena zum Beispiel lenkt nicht nur das Kombinat, er lenkt die gesamte Infrastruktur im Thüringischen. Ohne seinen Segen wird keine Straße und keine Wohnsiedlung gebaut, wird der Autobusfuhrpark des Kreises nicht erweitert und keine Fachschule gegründet. Die volkseigene Wirtschaft mit ihren Verzweigungen ist Teil des Staates, oft einflußreicher als die kommunale Verwaltung. Der sozialistische Wirtschaftskapitän – ein kleiner Fürst. Verbreitet ist die Ansicht: »Wes' Brot ich ess', des' Lied ich sing'«. So zu denken und zu handeln, hat der Schriftsteller Helmut Sakowski, Autor erfolgreicher Fernsehfilme und ZK-Mitglied, in einem Artikel im »Neuen Deutschland« aufgerufen. Ihm wurde nicht widersprochen.

Der junge Mann, der 1949 freiwillig zur kasernierten Volkspolizei ging, um die Schieber zu greifen, ist heute hoher Offizier der Nationalen Volksarmee. Das Mädchen, das Ärztin wurde, um die Tbc auszurotten, ist heute Abteilungsleiterin im Gesundheitsministerium. Der junge Maurer ist Leiter des Wohnungsbaukombinats geworden. Sie alle haben sich »Sachzwängen« gefügt und Illusionen abgebaut. Sie wissen, daß einige ihrer Ideale auf der Strecke geblieben sind. Sie wissen nachträglich um eigenes Fehlverhalten. Niemals jedoch kommt ihnen der grundsätzliche Zweifel. Sie haben ihren Teil des Staates aufgebaut, so gut sie es verstanden. Es ist ihr Staat. Wer die DDR in Frage stellt, stellt ihr Leben in Frage. Gleiches gilt für den Arbeiter, der den Schutt vom zerbombten Fabrikgelände karrte, aus rostigen Teilen die erste Maschine bastelte. Er schaut mit Stolz auf die vollautomatische Fließstrecke seines volkseigenen Betriebes. Daneben verblaßt, was ihn heute stört. Die Romantik der Aufbauzeit wurzelt tief, sie ist Ursache des Selbstbewußtseins vieler DDR-Bürger, junger wie älterer. Kurt Bartsch beschreibt das in dem Gedicht »Stolz«:

Stolz

Als Karl K., ein Abrißarbeiter
(Von dem bekannt war, daß er häufig
Kritik übte am Sozialismus)
Befragt wurde, warum er damals –
Als es noch möglich war –
Nicht in den Westen gegangen sei
Antwortete er: Es ging nicht,
Ich habe hier zuviel
Mit eingerissen.

(aus: Kurt Bartsch, Die Lachmaschine, Verlag Klaus Wagenbach, Berlin 1971)

Vater Staat

Fährt der Landesvater mit seinem Gefolge ins Amt, sind die Straßen, die seinen Weg kreuzen, gesperrt. Das Volk hat zu warten. Besichtigt der Landesvater oder ein Politbüromitglied oder eine höhere Parteidelegation eine Fabrik, wird Tage vorher ein Sicherheitsgürtel um das Objekt gelegt. Jeder Raum und jeder Holzstapel wird kontrolliert, die Arbeitenden erhalten Sonderausweise, mit diesen dürfen sie am besagten Tag ihren Arbeitsplatz betreten. Festgelegt ist, wer wann wo den Führungskadern begegnet. Was zu sagen ist, wird schriftlich ausgearbeitet und kontrolliert. Vor hohen Besuchen wird das Dorf, der Betrieb, die Baustelle, das Krankenhaus geputzt, aufgeräumt, zum Schauobjekt umfunktioniert. In der Krebsklinik werden die Genesenden auf ein Zimmer gelegt, das Besichtigungszimmer, die Todkranken in entferntere Räume verbannt. Der Krankentransport wird für Stunden eingestellt, damit der inspizierende Gesundheitsminister auf einer Krebsstation nicht zufällig Schwerkranken begegnet. Eine Woche vor dem 1. Mai sind die leerstehenden Tribünen Tag und Nacht bewacht, das Sportstadion oder das Theater, das Erich Honecker besuchen wird, mindestens drei Tage vorher. Regierung und Volk begegnen einander nur geplant. Sie leben getrennt und erleben selbst den Staatsfeiertag voneinander abgeschirmt. Herrschende wie Beherrschte haben sich daran gewöhnt. Es ist nie bekannt geworden, daß ein Regierungsmitglied den Versuch machte, eine nicht vorgesehene Tür zu öffnen, einen nicht ausgewählten Werktätigen anzusprechen. Selten geworden sind Versuche der Bürger, einem Regierenden direkt Sorgen oder Vorschläge mitzuteilen, man hält sich an den Instanzenweg, macht eine Eingabe beim Staatsrat.

Das Volk kennt seine Führungsspitze kaum. Es kennt Honecker, Stoph, Sindermann, die Namen der Minister schon nicht mehr. Die Republik wird kollektiv gelenkt, die Bevölkerung hat diese These angenommen. Für alles wird »der Staat« verantwortlich gemacht. Gibt es kein Frischgemüse oder fällt der Bus aus, wird Tomatenketchup knapp oder ein Konsumladen geschlossen, ist der Staat schuld. Das hat sich der Staat selbst zuzuschreiben. Seit seiner Gründung verspricht er »ein Leben, schön wie nie zuvor«, und die Partei beansprucht, einzig führende Kraft zu sein. Der Staat hat das Sorgerecht für die unmündig erklärten Bürger auf sich genommen und wird von seinen Kindern wie ein Vormund behandelt. Allen Spielarten infantilen Verhaltens ist er ausgesetzt.

Der Staat belohnt die folgsamen Kinder, die den vorgezeichneten Weg gehen, ohne Fragen zu stellen. Gelobt wird der Schüler, der Arbeiter, der Ingenieur, der fleißig und gewissenhaft die aufgetragene Arbeit verrichtet. Selbständiges Denken im Rahmen abgesteckter Vorgaben ist erwünscht. Ideen, Vorschläge, Unternehmungen, die darüber hinausgehen, sind nicht erwünscht.

Wer seine Pflicht tut und ansonsten nicht auffällt, dem winken ein ruhiges Leben am gesicherten Arbeitsplatz, Aufstieg, Geldprämien, Orden und vielleicht der Händedruck eines »Führungskaders«. Die Motive für Wohlverhalten interessieren nicht. Ob Karrierismus oder Trägheit, Angst oder Geltungsdrang den Menschen zum funktionierenden Rädchen machen, ist unwesentlich. Seit etwa 1961 wird der Schein als das Sein genommen, gibt sich die Führung aller Leitungsebenen zufrieden, wenn die Arbeitskraft nicht »auffällig« wird. Kleinere moralische und kriminelle Vergehen – Trunksucht, Ehebruch, Unterschlagung, Materialdiebstahl, Anmaßung im Amt, Fahrerflucht

– werden sanft geahndet oder übersehen, zeigt sich der Bürger reuig und ergeben. Die Strauchelnden, scheint es, sind willkommener als die Unfehlbaren, das beweisen die Bevorzugungen bei Wohnungszuweisungen, milde Gerichtsurteile, Fürsorge beim »Wiedereingliederungsprozeß«. Ein kleiner Fehltritt des ansonsten folgsamen Kindes bringt es dem Herzen von »Vater Staat« näher, vorausgesetzt, es beugt sich ihm.

Der Staat denkt für dich. Wer das nicht anerkennt, ist eigenwillig, trotzig, muß gezügelt werden. Die Ungebärdigen sind nicht beliebt. Wer mit eigenen Ideen teilnehmen will am Aufbau des Sozialismus, wer sich einmischt und Fragen stellt, wer Vorschläge macht, möglicherweise ohne Anleitung Menschen aktiviert, ist ein Sorgenkind. Alle Kraft der gesellschaftlichen Kamarilla ist darauf ausgerichtet, diesen Menschenschlag, der unbequemerweise ständig nachwächst, in Reih und Glied zurückzuweisen. Das geschieht durch Überredung und Bestechung. Als Bestechungsmittel dienen Aufstiegschancen, Funktionen, Wohnungen, Studienplätze und Auslandsreisen. Das weitgespannte Netz sozialpolitischer Maßnahmen, das jungen Eheleuten Kredite, Kindergeld und bevorzugt Wohnungen bietet, gehört dazu. Es hilft, jugendliche Feuerköpfe zu befrieden, ihre Energien in häusliche Bahnen zu lenken. Wer Frau, Kind und Wohnung hat, Auto und Grundstück anstrebt, verhält sich meist konform. Wer die materiellen und ideellen Segnungen sozialistischer Lebensweise nicht wahrnimmt, gilt als Außenseiter. Diese Außenseiter sind geduldet, solange sie nicht gesellschaftlich aktiv werden. Sie werden beobachtet, beginnen sie, einen Kreis um sich zu scharen, in einer Theater- oder Musikgruppe mitzuwirken, Dichterlesungen in Klubhäusern oder Wohnungen zu veranstalten, Vorträge bei der URANIA zu halten, sich ein Forum zu schaffen. Sie werden unter Druck gesetzt, wirken sie in noch so bescheidenem Maß auf ihre Umgebung, haben sie die geringste Chance, eigenes Denken zu verbreiten oder anzuregen. Gesetze, die das verhindern, gibt es genug. Jeder öffentlich gesprochene Satz ist genehmigungspflichtig. Zusammenkünfte von mehr als zehn Personen sind meldepflichtig, also auch größere Familienfeiern. Bei

Bedarf werden solche Gesetze angewendet. Dem einzelnen ist nicht gestattet, eine abweichende Meinung zu den Entscheidungen des Staates kundzutun. Aufgabe des Bürgers ist, »sich immer wieder in Übereinstimmung mit der Gesellschaft zu bringen«, wie es der Dichter Johannes R. Becher forderte. Danach darf jeder sich oft und ausführlich öffentlich einverstanden erklären, darf jeder seine ganze Kraft einsetzen, die jeweils neuen Beschlüsse »mit Leben zu erfüllen«.

Die Vaterrolle des Staates wird indirekt auch von jenen anerkannt, die ihn nicht lieben, achten oder verehren. Ein Teil der Jugend beispielsweise hat kein Verhältnis zu der Gesellschaftsordnung, in die sie hineingeboren ist. Der junge Mensch wird in ein Nest gesetzt, das eingerichtet und abgegrenzt ist. Wenig darin stimmt mit seinen Intentionen überein. Verlangt wird jedoch, er soll sich wohlfühlen und sich am täglichen Aufputzen des Vorhandenen beteiligen. Unlustig tut er das. Wo es möglich ist, drückt er sich vor Arbeit und Verantwortung. Er läßt sich krankschreiben oder behauptet, überfordert zu sein. Er lernt zögernd, er hat kein Interesse am Aufstieg, keinen Sinn für den Ausbau der Industriegesellschaft, kein Verhältnis zur »sozialistischen Menschengemeinschaft«. Das geht nicht nur jungen Leuten so. Der Mensch sieht sich als Kind behandelt und verhält sich entsprechend. Junge und Ältere gehen in die Defensive, verweigern sich, ohne ihre Verweigerung zu proklamieren. Sie lehnen die Verantwortung fürs Ganze wie für sich selbst ab. Sie erwarten vom Staat, daß er ihre Bedürfnisse befriedigt, wie Kinder von ihren Eltern erwarten, daß für Behausung, Nahrung und Kleidung gesorgt wird. Sie lehnen den Staat ab wie Söhne einen gestrengen Vater, eine überfürsorgliche Mutter. Sie schieben Verantwortung von sich, erwarten die Unterdrückung, fügen sich unwillig und werden nicht aktiv. Bewußt oder unbewußt beharrt ein Teil der Bevölkerung auf Infantilität, grenzt sich ab und beraubt sich möglicher Emanzipation. Unauffälliges Verweigern anerkennt und zementiert Bestehendes.

Wann geht ein Licht auf
oder Tafelbild
für Kohle, Wasser, etc.

Und das am Montagabend . . .
oder
Die Genossen unter sich

Der Montag ist der Tag der Partei. Fast jeden Montag nach Arbeitsschluß sitzen die Genossen der Sozialistischen Einheitspartei Deutschlands beieinander, etwa zwei Millionen sind das. Erich Honecker sagte einmal: ». . . jeder sechste Bürger über 18 Jahre gehört unserer Partei an, einer zuverlässigen Abteilung in der großen internationalen Armee der kommunistischen und Arbeiterparteien.« Monatlich trifft man sich zur Mitgliederversammlung der Grundorganisation des Betriebes, monatlich zur Parteigruppenversammlung, monatlich zum Parteilehrjahr. Einmal sitzen alle Genossen des ganzen Betriebes beieinander, einmal diejenigen, die einer Abteilung oder einer Brigade angehören, einmal jene, die laut Aufteilung in einem Zirkel des Parteilehrjahrs gemeinsam studieren sollen. Der vierte Montag des Monats wird freigehalten für Besonderes, möglicherweise für ein Parteiaktiv, eine Arbeitsgruppe; meist bleibt er wirklich frei. So hat alles seinen Rhythmus und seine Ordnung. Der revolutionäre Kampf findet vorwiegend montags statt, Erscheinen ist Pflicht. Der »kampferprobte Vortrupp« der Arbeiterklasse, »die führende Kraft der sozialistischen Gesellschaft« trifft sich auf den harten Stühlen der Werkkantine oder des Sitzungszimmers und hört ein Referat. Es folgen Diskussion und Organisatorisches. Teilzuhaben an diesen Veranstaltungen ist laut Statut »eine große Ehre«. Mitglied werden kann jeder Werktätige, der das Programm und das Statut anerkennt, in einer Parteiorganisation tätig ist, sich den Beschlüssen unterordnet und regelmäßig Beiträge zahlt. Im Statut, 26 Seiten, Kaufpreis 40 Pfennig, ist festgehalten, was die Genossen verbindet, was sie aneinander bindet. Für Außenstehende haben die montäglichen Zusammenkünfte noch immer die Gloriole einer Sekte. Nicht verschlissen sind die Vorstellungen vom »Geheimbund der Kommunisten«, der als Gespenst in Europa umgeht und einsam seine Entscheidungen trifft, die mittlerweile das Wohl und Wehe der Menschen des Betriebes, des Landes beeinträchtigen. Die Genossen, das sind die Auguren, die Eingeweihten, die wissend Lächelnden; Menschen, die über Informationen verfügen, deren gewöhnliche Sterbliche nicht teilhaftig werden. In einem Land, in dem Informationen sparsam gehandelt und nach hierarchischen Prinzipien dosiert vermittelt werden, erscheint das als Privileg. Jeder Genosse trägt bewußt oder unbewußt zu dieser Aura bei. Befragt von seinen Kollegen nach der gestrigen Parteiversammlung, lächelt er und sagt ganz allgemein, sie sei interessant oder informativ gewesen. Würde er das Gegenteil behaupten, niemand traute ihm. Tief verwurzelt ist der Glaube, daß es da eine Clique oder wenigstens einige Wissende geben muß, die »alles in der Hand haben«, die unabhängig Entscheidungen fällen, welche gewöhnliche Sterbliche dann für richtig oder falsch halten können.

Lebenslauf · Rudi W., geboren 1915:

Als ich 1932 ausgelernt hatte, stand ich ohne Arbeit da. Ich meldete mich zu den Soldaten und hatte Glück. Dort genommen zu werden, das war mehr wert als heute ein Lotto-Gewinn. Gut, ich war bei der »Legion Condor«. Sie sagten uns ja nicht, worum es ging, wir saßen plötzlich alle im Flugzeug, waren plötzlich in Spanien. Dann der Krieg, dann Rußland, 1943 Verwundung und Gefangenschaft. Ich habe auf allen Fragebögen immer alles genau angegeben. In der Gefangenschaft bin ich zur Antifa-Schule gegangen. Mit 28 Jahren dachte ich zum ersten Mal nach, was mit mir los war. Mein linker Arm wurde amputiert, als Tischler konnte ich nicht mehr arbeiten. Vom Krieg hatte ich genug. Für ein besseres Deutschland wollte ich etwas tun und endlich als freier Mann leben. Nie wieder, das war meine Devise.
Als ich 1949 heimkehrte, hatte die Frau einen anderen. Mit dem und meinem Sohn zog sie in den Westen. So habe ich auch noch Westverwandtschaft. Ich fing mit 34 Jahren ganz von vorn an. Leicht hatte ich es nicht, immer das Mißtrauen.

Bei der kleinsten Kleinigkeit wird mir meine Jugendsünde vorgeworfen. Ich bin gezwungen, fleißiger, ordentlicher und einsatzbereiter zu sein als andere.
In die SED trat ich sofort ein. Dazu stehe ich. Das war der Anfang vom neuen Leben, der erste selbständige Schritt, könnte man sagen. Auf Rosen wurde ich nicht gebettet. Mühsam habe ich mich hochgearbeitet: nochmal die Schulbank gedrückt, Abendstudium, Parteischule. Langsam fand ich Freunde. Mancher zog sich von mir zurück, weil ich in der Partei war. Die Genossen brauchten lange, bis sie mir trauten. Jetzt ist alles in Ordnung. Ich bin anerkannt. Ich bin Planungsleiter in dem Betrieb, in dem ich 1949 als Bote anfing. Eigentlich bin ich bereits Rentner. Aber zwei Jahre mache ich noch, ich will doch genießen, worauf ich ein halbes Leben hingearbeitet habe.
Wenn ich durch unseren Betrieb gehe, bin ich stolz. Nichts ist mir widerlicher als jene, die an allem etwas auszusetzen haben. Die jungen Leute wissen überhaupt nicht, wie schwer wir es hatten, wie lange wir brauchten, den rechten Weg zu finden. Heute will man allerorts neue Moden einführen und überall mitreden. Dabei ist das einzige, das unseren Staat vorwärts gebracht hat, der Fleiß und die Disziplin. Anders geht es doch gar nicht. Man muß sich einfügen, ein Rad im großen Getriebe sein, das funktioniert.

»Schreib alles mit, dann schläfst du nicht ein«

Diesen Rat gab ein alter Genosse, erfahrener Kämpfer aus den Tagen des »Kommunistischen Jugendverbandes« der zwanziger Jahre, einem jungen Genossen. Das Mittel wirkt. Grundsätzlich sind Routineversammlungen langweilig. Es geht um das letzte Plenum des Zentralkomitees, eine Direktive oder die wichtige Rede eines führenden Genossen. Das alles war im »Neuen Deutschland« im vollen Wortlaut abgedruckt. Zwar gehört das tägliche Lesen des Zentralorgans zu den Pflichten eines jeden Genossen, dennoch wird wiedergekäut. Einer hält ein Referat darüber. Er kann nicht mehr mitteilen, als er selbst gelesen hat. Bei wichtigen Plenartagungen und Parteitagen wird das Materialangebot in Themen aufgegliedert und auf verschiedene

Abende verteilt. Diese Themen behandelt man dann außerdem in den Parteigruppen und im Parteilehrjahr. So sind zwei bis drei Monate Parteiarbeit thematisch ausgeplant. Wiederholung ist die Mutter der Weisheit. Da es manchen Genossen trifft, ein Kurzreferat in einem kleineren Kreis über einen Aspekt des jeweils weltbewegenden Ereignisses zu halten, ist gewährleistet, daß einige Genossen einige Passagen wirklich gelesen haben.

Oder es geht auf der Mitgliederversammlung um den Perspektivplan, den Produktionsplan, die Planerfüllung, um den Plan überhaupt oder die Führungskonzeption. In diesem Fall referiert der staatliche Leiter. Was er mitzuteilen hat, betrifft jeden irgendwann irgendwie auch persönlich. Allerdings weiß jeder Genosse, daß er diese »Ausführungen der Leitung« heute nur zum erstenmal hört. Er wird sie morgen in der Mitgliederversammlung der Gewerkschaft im gleichen Wortlaut hören, später noch einmal modifiziert in seiner Parteigruppe, in seiner Gewerkschaftsgruppe, in seiner Brigade. Mindestens zweimal im Jahr hat der Genosse das Vergnügen, als erster etwas zu erfahren, das wenige Tage später ohnehin jeder im Betrieb weiß. Mindestens zweimal im Jahr hat der Genosse das Vergnügen, an seine Pflichten als Genosse gemahnt zu werden. Er wird nämlich aufgefordert, in seiner Gewerkschaftsgruppe und Brigade in Sachen Plan parteimäßig zu diskutieren, also den Standpunkt der Betriebsleitung zu vertreten. Wer jahrelang dabei ist, genießt dieses »jus primae noctis« nicht unbedingt mehr in vollen Zügen.

Es geht auf den Mitgliederversammlungen um die »ideologische Arbeit« der Grundorganisation, die fast immer als »unbefriedigend« bezeichnet wird. Stehende Redewendung: »Genossen, wir müssen die ideologische Arbeit aktivieren.« Referate darüber werden vom Parteisekretär oder seinem Stellvertreter gehalten. Unter diesem Stichwort ist vielerlei gefaßt: die Belebung des Parteilebens oder des Parteilehrjahrs, die Kandidatenwerbung oder die »Rolle der Arbeiterklasse im Betrieb«, der Versuch, die Betriebsgruppe der FDJ oder der »Deutsch-Sowjetischen Freundschaft« aus dem Schlaf zu erwecken, die Arbeit mit den Massen ganz allgemein. Bei dieser Gelegenheit fällt mit Sicherheit der bewährte Ausspruch: »Genossen, wo ein

Genosse ist, da ist auch die Partei.« Er enthält im Klartext den Vorwurf, daß die hier Versammelten ihren Pflichten nicht nachkommen, die ideologische Auseinandersetzung nicht zu jeder Stunde an jedem Ort betreiben. In solchem Moment versucht jeder biedere Genosse so unauffällig wie möglich auszuschauen. Es ist nicht der versteckte Vorwurf, der ihn schreckt, ihn schreckt der mögliche Parteiauftrag, der meist darauf folgt. Schließlich soll die Welt wieder einmal verändert werden, folglich sind Aufgaben zu verteilen. Beispielsweise: eine Patenschaft für die FDJ-Gruppe, ein Parteiauftrag zur Wiederbelebung der Betriebsgruppe der »Deutsch-Sowjetischen Freundschaft«, die Gründung eines Agitatoren-Kollektivs, um politische Gespräche in den Gewerkschaftsgruppen zu mobilisieren, ein Parteiauftrag zu persönlichen Gesprächen mit Arbeitern zwecks Kandidatenwerbung. Mit schöner Regelmäßigkeit wiederholt sich dieser Aufgabenkatalog. Gespannt verfolgt das Auditorium, wen es diesmal trifft, wer Farbe bekennen muß, wer ausersehen ist, die unerläßliche »ideologische Arbeit« anzukurbeln.

Nach der Planerfüllung ist die »Belebung der Mitgliederversammlung« häufigster Diskussionspunkt. Mit Sorge wird analysiert, daß die letzte Versammlung wieder einmal nicht die erhoffte Resonanz fand. Ein häufiger Vorschlag daraufhin: Wir holen einen Spezialisten. So geschieht es, daß in fast regelmäßigem Rhythmus ein Genosse aus einem wissenschaftlichen Institut, von einer übergeordneten Leitung oder gar aus dem Außenministerium als Referent »gewonnen wird«. Dem Spezialisten begegnet die Versammlung mit Ehrerbietung, sie zeigt sich von ihrer muntersten Seite, kaschiert ihre Lethargie. Der Spezialist wiederum weiß, was von ihm erwartet wird. Er nennt ein paar Fakten und Zahlen, die nicht im »Neuen Deutschland« stehen und flicht mehrmals in seine Rede ein: »Genossen, das können wir hier unter uns ganz offen aussprechen.« Auf diese Weise gelingen sogenannte interessante Parteiversammlungen. Sie sind indessen weit davon entfernt, informative oder richtungsgebende Beratungen zu sein. Höhepunkt einer solchen Veranstaltung ist jener Moment, in dem ein Referent sagt: »Genossen, ich bitte euch, das nicht mitzuschreiben.« Funktionäre aus höheren Parteigremien benutzen diese Redewendung bei jeder Gelegenheit, sie gehört zu ihrem stereotypen Vokabular. Bewundernd wird berichtet, daß eine alte Genossin einmal daraufhin ihr Schreibblatt zerriß und es vor aller Augen im Aschenbecher verbrannte. Der Atem der Illegalität, der Revolution zieht durch das verräucherte Sitzungszimmer an einem ganz gewöhnlichen Montagabend. Niemand will sich eingestehen, daß die genannten Fakten und Zahlen, Probleme und Schwierigkeiten jedermann ohnehin geläufig sind. Es ist reizvoll, sie von einem Offiziellen so offiziell »frei und offen« ausgesprochen zu hören.

Jedem Referat folgt die Diskussion. Auf Parteiebene, heißt es, wird »offen diskutiert«, alles ausdiskutiert und freimütig Kritik und Selbstkritik geübt. Hier gibt es, heißt es, keine Tabus. Gebrauch wird von dem großmütigen Angebot selten gemacht. Dem Referat folgt normalerweise das große Schweigen. Nach langer Pause meldet sich dann der Genosse zu Wort, der immer als erster spricht. Jeder Anwesende kennt ihn und weiß im voraus, was er ungefähr sagen wird. Das ist wie ein Ritus. Oder es meldet sich ein sehr alter Genosse Pförtner oder eine sehr alte Genossin Putzfrau. Sie sagen dann, unabhängig vom Thema, daß die Genossen nicht freundlich grüßen, die Toiletten katastrophal verschmutzt sind oder die Heizung seit drei Tagen in Werkhalle D ausgefallen ist. Sie sagen, daß solche Sachen des Sozialismus nicht würdig sind, daß die Partei sich endlich darum kümmern solle. Nach betretenem Schweigen und dem Versprechen, die Sache zu klären, kommt nun überhaupt keine Diskussion mehr auf. Ist ein Gastreferent »gewonnen«, wird vorher festgelegt, welche Genossen zur Diskussion sprechen oder Fragen stellen. Immer ist das nicht notwendig. Es kommt schon vor, daß es den Versammelten unangenehm wäre, würde ein »fremder Genosse« mitbekommen, wie lahm es in ihrer Versammlung zugeht. So denkt man sich schnell eine Frage aus, zeigt sich als aufmerksam-interessierter Gastgeber.

Turbulente Diskussionen und sachkundige Auseinandersetzungen gehören so wenig zum »normalen Parteileben« wie Kampfabstimmungen und Entscheidungssituationen. Beschlüsse sind vorformuliert, nichts außer Zustimmung wird erwartet. Selbst beim »Höhepunkt des Parteilebens«, bei der Wahl, geht alles routiniert über die Bühne. Es dauert allerdings einige Stunden länger, meist einen halben Tag, weil die Wahlordnung mit Akribie einzuhalten ist und weil jeder Genosse seiner Pflicht nachzukommen hat, an diesem Tag zu sprechen.

Lebenslauf · Harry S., geboren 1943:

Mein Vater ist gefallen, meine Mutter arbeitet als Verkäuferin. Nach zehn Jahren Schule hatte ich keine Lust mehr, ich bin auf den Bau, lernte Maurer. Wir haben angefangen, Dresden wiederaufzubauen. Jetzt sieht es schon ganz gut aus, an einigen Stellen zumindest. In der Maurerbrigade fühlte ich mich wohl, alles prima Kumpel, drei waren in der SED, alles meine Väter. Als ich 18 Jahre alt war, sagten sie, ich müsse in die Partei eintreten, das sei nun mal so. Ich konnte gar nichts dagegen machen, es war mir auch egal. Ich habe unterschrieben, zwei haben gebürgt, eines Tages stand ich da mit dem Nelkenstrauß in der Hand, und anschließend haben wir schön gefeiert. Geändert hatte sich nichts für mich. Erst als ich zwei Jahre später zur Fachschule ging, merkte ich, daß von mir ständig etwas erwartet wurde, weil ich Genosse war. Ich habe Aufgaben bekommen, wurde FDJ-Sekretär, ich tat, was notwendig war. Das war nicht schwer, weil ich mit allen Leuten gut auskomme. Später fiel mir auf, daß ich eine seltene Erscheinung bin: Bauingenieur und Genosse. Mancher fragt: »Warum bist du in der Partei, du bist doch ein guter Fachmann, das hast du doch gar nicht nötig.« Stimmt. Unter meinen Kollegen gibt es wenig Genossen.

Ich hatte nie Schwierigkeiten, weder bei der Arbeit noch mit der Partei. Als 1970 ein Kollege über Nacht abgesägt wurde und ich das Großprojekt übernahm, machte ich mir ein paar Gedanken. Ich hatte erst vier Jahre Berufserfahrung, es hätte andere mit besseren Voraussetzungen gegeben. Jedoch: Ich war jung, ein guter Fachmann, warum eigentlich nicht? Ich wollte nicht wahrhaben, daß meine Parteizugehörigkeit vielleicht ausschlaggebend gewesen war. Inzwischen weiß ich es besser. Jetzt meine ich, daß ein guter Fachmann, der zusätzlich gesellschaftliche Arbeit leistet, wichtiger ist als

nur ein guter Fachmann. Er kann mehr erreichen, sich besser durchsetzen bei übergeordneten Leitungen.
Schwer wird es, wenn politische Entscheidungen vor fachlichen rangieren. Damit habe ich es jetzt oft zu tun. Manchmal kann man was hinbiegen, manchmal nicht. Wenn nicht, fühlt man sich hundeelend. Oft heißt es, du bist doch schon 20 Jahre in der Partei, du bist doch 1961 eingetreten, als wir die Mauer gebaut haben, du weißt doch, was auf dem Spiel steht. Ich widerspreche dann nicht. Wenn die wüßten, wie das damals gewesen ist. Viel kann man ja ohnehin nicht machen. Aber in dem Rahmen, der mir gegeben ist, habe ich Einfluß, das glaube ich fest. So naiv bin ich. Ich bin eben zur Partei gekommen wie die Jungfrau zum Kind. Dadurch stimmt etwas mit mir nicht. Aber das läßt sich nicht ändern, damit lebe ich nun.

Am Pranger

Hoch geht es her in Parteiversammlungen, wurden die »Normen des Parteilebens« verletzt. Darunter ist »Abweichlertum« jeder Art zu verstehen, moralisches wie ideologisches. Eine Genossin hat gestohlen oder Fahrerflucht begangen. Ein Genosse hat sich »am Volkseigentum bereichert« oder sich eine Geliebte zugelegt. In den fünfziger Jahren wurde das »Fremdgehen« scharf geahndet. Die DDR-Literatur ist reich an Konfliktkonstellationen wie: der Parteisekretär und sein Seitensprung. Heute ist das ein Kavaliersdelikt, nicht mehr würdig der Verhandlung in der Partei. Gut für Inquisition ist die ideologische Abweichung. Sie wird aufgespürt und verfolgt, ist ein Zipfelchen von ihr öffentlich geworden. Abgeschafft ist die Gesinnungsschnüffelei. Der Genosse kann denken, was er will, aussprechen nur, was konform geht.
Immer wieder nehmen Genossen ihr im Statut verbrieftes Recht auf Kritik wahr. Sie stellen nicht das Ziel Sozialismus in Frage, wohl aber den Weg dorthin. Sie sind mit Methoden, Maßnahmen, Formulierungen nicht einverstanden. Besonders auf ökonomischem Gebiet sind solche Auseinandersetzungen häufig und hart. Ein Beweis dafür: Das Lehrbuch der Ökonomie des Sozialismus wird ständig

neu geschrieben. Erscheint es, so ist es bald überholt. Die Theorie hinkt dem Pragmatismus hinterher. Jeder Genosse hat anschmiegsam den jeweiligen Kurswechsel zu begleiten. Tut er das nicht, entwickelt er gar eigene Vorstellungen, so hat er nicht den »richtigen Standpunkt«. Daraus folgt: Man muß sich um den Genossen »kümmern«. Er genießt nun die liebevolle Aufmerksamkeit seiner Parteileitung oder eines höheren Funktionärs. Er wird zu Gesprächen gebeten, darf seine persönlichen Sorgen ausbreiten, ihm wird Hilfe und Unterstützung zuteil, damit er auf den Pfad der Tugend zurückfindet. Die Partei zeigt sich streng, aber voller Verständnis. Menschliches Versagen ist ihr nicht fremd. Sie liebt den Ketzer, kehrt er reumütig in den Schoß der Kirche zurück. Sie schlachtet dem verlorenen Sohn, der heimkehrt, ein Kalb. Fast jeder Genosse hat einmal oder mehrmals den Aufstand geprobt und den gütigen Langmut einiger »erfahrener Genossen« kennengelernt. Fruchtet das alles nichts, gibt es ein Parteiverfahren. Nicht wenige Mitglieder der SED erlebten am eigenen Leib diese Segnungen: die quälenden Aussprachen, das Versagen der Nerven, die Rabulistik der Argumente. Geläutert sind sie nach diesen Prozeduren. Ein Teil macht fürderhin jeden Kurswechsel umgehend mit, denkt nicht mehr selbständig, wird stark im Glauben und haßt den Widerspruch und die »Problematisierungen«. Der andere Teil kompensiert den Konflikt, den Widerspruch zwischen Schein und Sein, Praxis und Theorie, der dritte Teil leidet nach innen und schweigt. So festigt sich die »Einheit und Geschlossenheit« einer marxistischen Partei. Zur Ehre der Genossen ist anzumerken, daß viele nicht nur einmal im Leben wider den Stachel löcken. Die Ideale ihrer Jugend sind zählebig, oder ihr Fachwissen setzt sich stärker durch als ihre Parteidisziplin, oder sie sind einfach noch so unerfahren, daß sie erneut der Kraft des besseren Arguments vertrauen. Auch taktische außenpolitische Maßnahmen, die im Widerspruch zum humanistischen Ethos stehen, erwecken Genossen aus einer Art Halbschlaf. Das passierte beispielsweise, als das »Neue Deutschland« eine Lobpreisung des Generals Franco veröffentlichte, als Reverenz dafür, daß Spanien als eines der ersten westlichen Länder die DDR als Staat anerkannte. Entrüstung breitete sich in der DDR aus. Die ehemaligen Spanienkämpfer setzten ihre Baskenmützen auf, malten eigene Losungen und marschierten zum Friedhof Friedrichsfelde an die Gräber von Liebknecht und Luxemburg. Es gibt also Situationen, wo die Genossen erneut »Fragen stellen«. Volker Braun hat ihre Beweggründe in dem Gedicht »Undiplomatische Äußerung« beschrieben:

Undiplomatische Äusserung

Was eigentlich noch
Mutet man mir zu und soll ich aushalten
Ohne aus der Haut zu fahren
Schamrot.

Was alles
Soll ich vergessen, zu dem
Was ich gar nicht erfahre aus den verhungerten
Und höchst eigenen Berichten!

Was soll ich noch
Hinnehmen als ruhmreiche Strategie:
Oder erklärte Taktik:
Oder als Witz?

Das Lachen ist mir vergangen.

Ja was denn noch
Ohne daß ein zynisches Wiehern
Meine Lungen erschüttert
Oder mir übel wird und ich ganz
Das Bewußtsein verliere!

Was noch
Außer auf offener Zeitung
Begegnen zu müssen dem unverhohlenen Grinsen
Dieses General Franco?

(aus: Volker Braun, Gegen die symmetrische Welt, Suhrkamp Verlag, Frankfurt 1974)

Sind es sehr viele, die Unverständnis bekunden, und werden dabei keine »Grundfragen gestellt«, ist es durchaus möglich, daß Maßnahmen korrigiert werden. Selbstverständlich kommt die abgewandelte Taktik als neue Erkenntnis von der Parteispitze in die Agitationsmaschinerie. Sie ist absolutes Novum, nicht Eingeständnis eines Fehlers. Korrekturen der Taktik gehören zum Alltag, Korrekturen der Strategie nicht.
Es ist lange her, daß grundsätzliche Kritik an der Parteilinie offenkundig wurde. Rudolf Bahro formulierte seine Einwände in seiner Zweizimmerwohnung und veröffentlichte sie in dem Buch »Die Alternative – Zur Kritik des real existierenden Sozialismus« 1977 in der Bundesrepublik. Bis zum Tag der Veröffentlichung war Bahro leitender Funktionär in der Wirtschaft, seine Parteigruppe fiel aus allen Wolken, als sie von dem Buch hörte. Danach war er Häftling im Zuchthaus Bautzen, jetzt lebt er in der Bundesrepublik. Um ihn scharte sich keine Gruppe. Bis in die fünfziger Jahre hinein war sogenannte Gruppenbildung häufiger. Es gab offene Kämpfe innerhalb der Partei und »andere Auffassungen, als sie das Politbüro zur Rolle der Partei im System der Arbeiter- und Bauernmacht« hatte, außerdem »illusionäre Auffassungen, die Einheit Deutschlands um jeden Preis herbeizuführen«, wie Honecker 1958 der »Schirdewan-Wollweber-Gruppe« vorwarf. 1982 gratuliert Honecker dem wegen Fraktionsbildung aus dem Politbüro ausgeschlossenen Karl Schirdewan zum 75. Geburtstag im »Neuen Deutschland«. Es ist lange her, daß sich Genossen zusammensetzten und alternative Konzepte grundsätzlicher Art zu entwickeln versuchten. Die Alten, sind müde geworden oder gestorben, die Jüngeren haben kapituliert oder niemals gezweifelt, die ganz Jungen gehen nicht in die Partei, wenn sie andere Vorstellungen von einem sozialistischen Staat haben. Die Söhne der alten Kommunisten, die aus Emigration und Konzentrationslager kamen, sie sind in der Partei nicht stark vertreten. Sie sind bereits ausgeschlossen oder haben sich nie völlig mit dem Erbe ihrer Väter identifiziert. Die Söhne der breiten deutschen Mittelschicht, des Kleinbürgertums und der sozialdemokratisch gefärbten Arbeitnehmerschicht, sie geben den Ton an oder schweigen, bestimmen das Klima, den

Konformismus. Deshalb steht der »real existierende Sozialismus« in der SED nicht zur Debatte, ein anderer Weg zu einem anderen Kommunismus schon gar nicht.
Heute geht es um Details oder um einzelne Abtrünnige. Die gibt es, gar nicht so selten. Fruchtet gutes Zureden nicht, muß der Mensch an den Schandpfahl.
»Wer gegen die Einheit und Reinheit der Partei verstößt, ihre Beschlüsse nicht erfüllt, die innerparteiliche Demokratie nicht achtet, die Partei- und Staatsdisziplin verletzt oder seine Mitgliedschaft und ihm übertragene Funktionen mißbraucht, im öffentlichen und persönlichen Leben sich eines Parteimitgliedes nicht würdig zeigt, ist von der Grundorganisation oder einem höheren Parteigremium zur Verantwortung zu ziehen. Je nach Art des Vergehens können folgende Parteistrafen beschlossen werden: a) die Rüge, b) die strenge Rüge, c) der Ausschluß aus der Partei ... Bei geringfügigen Verstößen sind die Mittel der Parteierziehung in Form von Kritik, der Mißbilligung oder der Verwarnung vor der Mitgliederversammlung anzuwenden.« So steht es im Statut.
Da steht er nun vor der Mitgliederversammlung, der »Unreine«, und versucht, sich zu erklären. Meist spricht er dreimal zur Diskussion. Das erste Mal nach wohldurchdachtem Konzept, das er sich Tage und Nächte vorher zurechtlegte. Das zweite Mal geht er auf Vorwürfe, Anfragen und Verleumdungen ein. Das dritte Mal versucht er verzweifelt oder störrisch, hoffnungslos oder zynisch, sich zu wehren. Die dritte Rede gleicht immer einem Zusammenbruch. Sie bringt das Eingeständnis, in den Schoß der Partei zurückkehren zu wollen, was immer auch geschehe; oder das Eingeständnis, den Bruch vollziehen zu wollen, was immer auch geschehe. Am Ende solcher Verfahren ist der Mensch eine Nummer kleiner, unabhängig davon, wie er sich entscheidet.
Zu den Merkwürdigkeiten eines Parteiverfahrens gehört, daß am Schluß alle Beteiligten aufatmen, wie immer es ausgegangen ist. Zu den Merkwürdigkeiten gehört, daß sich anschließend ein großer Teil der Genossen zum Bier zusammensetzt und die Vorkommnisse locker durchspricht, Erinnerungen an Veranstaltungen ähnlicher Art austauscht, witzelnd seine Erfahrungen ausbreitet. Zu den

Merkwürdigkeiten gehört, daß der Geächtete fast immer dabeisitzt und sich zunehmend erleichtert, geradezu aufgekratzt am Gespräch beteiligt. Der Genosse, selbst wenn er ausgeschlossen wurde, gehört an solchem Tag noch dazu, er wird freundlicher und fürsorglicher behandelt als je zuvor, schließlich ist er der »Held des Tages«. Erst der morgige Tag bringt den Bruch. Der Tragödie folgt das Satyrspiel, bevor sich der Tag neigt.

Auseinandersetzungen solcher Größenordnung beleben Mitgliederversammlungen, bringen viele Beteiligte in rauschähnliche Zustände. Im Mini-Format die griechische Tragödie; die Teilnehmer, geschüttelt von »Furcht und Mitleid«, werden der Katharsis zugeführt. Es ist aufregend, über einen Menschen zu Gericht zu sitzen, beteiligt zu sein am Urteilsspruch, der in jedem Fall eine Biographie formt. Obwohl von der Parteileitung oder einer übergeordneten Parteiinstanz eine »Empfehlung« gegeben wird, entscheidet die Mitgliederversammlung in offener Abstimmung. Jeder muß also seine Hand heben. Nicht selten denken Zuhörer wie jener »am Schandpfahl«. Sie werden in Gewissensnöte gestürzt. Sie haben – was selten im SED-Alltag ist – das Gefühl, gefragt und beteiligt zu sein. Sie wissen, diese Stunden sind wieder einmal ihr persönliches »Hic Rhodus, hic salta«.

Es kommt vor, daß die Mitgliederversammlung eine beantragte Strafe nicht zuerkennt oder abmildert. Laut Statut hat sie diese Möglichkeit. Nimmt sie ihr Recht wahr, wird das als Unbotmäßigkeit registriert. Übergeordnete Leitungen sind in solchem Fall erschrocken, jedoch erst einmal machtlos. Im Parteijargon verkünden sie: Wir müssen die Versammlung beim nächsten Mal besser vorbereiten. »Solch eine Panne« darf kein zweites Mal passieren.

Wer an einer Versammlung teilnahm, auf der die »Empfehlung« nicht sklavisch vollzogen, sondern nach Ermessen der Parteigruppe gehandelt und beschlossen wurde, wer daran beteiligt war, ist voller Hoffnung. Ihm scheint bewiesen, daß die »Normen des Parteilebens« richtig sind, daß der »demokratische Zentralismus« die Demokratie zuläßt. Der Genosse fühlt sich der Partei wieder enger verbunden, bis er sehr bald erneut eines Besseren belehrt wird. Nämlich: Versammlungen, die nicht die »richtigen Beschlüsse« faß-

ten, werden manchmal für ungültig erklärt und »besser vorbereitet« wiederholt.
Das Fieber, vor Entscheidungen gestellt zu sein, schüttelt die Genossen auch, ist die Versammlung »gut vorbereitet«, ist am Ausgang nicht zu zweifeln. Dann gibt es die Möglichkeit, den Gemaßregelten noch stärker zu belasten oder anzuflehen, mit einem umfassenden Geständnis sein Gewissen zu entlasten. In beiden Fällen werden Aggressionen abreagiert, die nur mittelbar mit den Tatbeständen zu tun haben. Das Ausschütten von weiteren Schmutzkübeln auf den Delinquenten unterscheidet sich wahrscheinlich nur wenig vom Anspucken eines am Pranger Stehenden, das aus dem Mittelalter berichtet wird. Es ist der gleiche Vorgang, tief verwurzelt im Instinkt und offensichtlich eine genußvolle Entblößung. Das Ermahnen, auf den Pfad der Tugend zurückzukehren, ist ebenfalls aus der mittelalterlichen Inquisition überliefert. Erstaunlich bleibt dennoch, wie stark sich die Erscheinungsformen gleichen. Da sagt ein Genosse der marxistisch-leninistischen Kampfpartei zu einem anderen: »Ich bitte dich auf Knien, verlaß uns nicht, du gehörst doch zu uns.« Da sagt ein anderer: »Wie willst du weiterleben, wenn die Partei ihre schützende Hand von dir zieht.« Da sagt ein dritter: »Ich flehe dich an, lege deine Zweifel ab, vereine dich mit uns, finde den Glauben an die Partei wieder.« Es wird von Glaube, Liebe, Hoffnung gesprochen, und keiner der anwesenden Marxisten protestiert. Im Gegenteil, das religiöse Vokabular erweist sich in Krisensituationen als das treffendste und verfehlt selten seine Wirkung.
Da viele SED-Mitglieder sich zum Widerruf entschlossen, wünschen sie innigst, daß andere Gleiches tun. Das bindet. Unverständnis, auch Haß verfolgt jene, die nicht einlenken. Ihnen wird Egoismus vorgeworfen, mangelnde Solidarität, Hartherzigkeit, sogar Bequemlichkeit. Es ist vorgekommen, daß Genossen einen Ausgeschlossenen nach der Versammlung weinend umarmten. Ihre Tränen galten nicht dem Verbannten, sondern dem eigenen Schicksal, das sie ausführlich beklagten. Den Tränen folgen mit einiger Sicherheit dumpfe Wut oder wehmütiger Schmerz. Das erklärt, weshalb ein Genosse einem ehemaligen Genossen oft mit gehemmtem Lächeln begegnet, beide sich gestört

verhalten. Die Erinnerung an einen Tag, an dem beide das Fegefeuer einer turbulenten Parteiversammlung durchlebten, die Erinnerung an »Rhodus«, sie verlöscht nicht.

Lebenslauf · Hannelore T., geboren 1929:

Meine Eltern waren seit 1927 in der SPD, das erfuhr ich nach dem Krieg. Mutter schickte mich zu den Jungmädeln, später zum BDM, ich sollte da mitmachen, damit unsere Familie nicht auffällt. Ich hatte Spaß daran, ich war Scharführerin. Als die Russen einzogen, brach für mich eine Welt zusammen. Doch das hält nicht an, ist man 16 Jahre alt. Im Herbst 1945 wurde in unserer Stadt ein »Antifaschistischer Jugendausschuß« gegründet, eine Freundin nahm mich mit dorthin. Was ich da hörte, fand ich richtig. Meine Mutter war wieder in der SPD, bald darauf – nach dem Vereinigungsparteitag – in der SED. Ich hatte sogleich Kontakt zu Genossen. 1946 beendete ich die Mittelschule und bekam eine Stelle als Schreibkraft in der Bürgermeisterei. Es war für mich selbstverständlich, politisch tätig zu sein. Ich hatte den Eindruck, alle taten das. Also arbeitete ich in der Freien Deutschen Jugend, besuchte bald die Landesjugendschule. Dort lernte ich Walter kennen, einen der Dozenten. Er war 20 Jahre älter als ich, kam aus dem KZ und hatte keine Familie mehr. Er förderte mich, bald heirateten wir. Anläßlich meiner Hochzeit bin ich in die Partei eingetreten. Das war vor 35 Jahren. Es wurde eine richtige Funktionärs-Ehe: jeder in einer anderen Stadt, er für die Partei, ich für die FDJ, beide für die gleiche Sache. Mein Beruf, meine politische Arbeit, mein Privatleben, das war jahrelang eine Einheit. Ich ging wie auf Wolken, jeder Tag war schön. Ich kam bald hauptamtlich in die Kreisleitung der FDJ, dann in die Landesleitung, 1955 wurde ich zum Zentralrat der FDJ nach Berlin geholt. Überall hatte ich Erfolg, alle hatten mich gern. Von Walter ließ ich mich 1956 scheiden. Wir hatten uns auseinandergelebt, irgendwie war er in seinem Bewußtsein zurückgeblieben. Außerdem, was ist das für eine Ehe, der eine hier, der andere dort.

Bald nach der Scheidung geriet mein Leben ins Schleudern. Ich wurde schwanger, von einem Genossen aus dem Zen-

tralrat, der verheiratet war. Das brachte uns ein Parteiverfahren ein, es war mein erstes. Danach mußte ich den Zentralrat verlassen. Die Ehe von meinem Kindsvater sollte gerettet werden. Ich kam nach Rostock. Dort machte ich nach kurzer Zeit meinen nächsten politischen Fehler, hatte wieder ein Parteiverfahren am Hals. Das brachte mich darauf, daß ich nie etwas Richtiges gelernt hatte, nur organisieren. Ich setzte eine Delegierung zum Studium durch; erst Parteischule, später Hochschule für Planökonomie. Nach dem Studium wollte ich in die Praxis. Ich kam aber in die Staatliche Plankommission. Es hat lange gedauert, bis ich die Genossen überzeugen konnte, daß ich an die Basis gehöre. Jetzt bin ich Kaderleiterin in einem mittleren Industriebetrieb und Parteisekretär.
Heute bin ich 53 Jahre, mein Sohn ist 25. Alles, was ich geschafft habe, hängt mit der Partei zusammen. Es gab schwere Jahre. Gezweifelt habe ich nie, auch wenn ich verzweifelt war. Zur Zeit habe ich Sorgen mit der Grundorganisation. Ich kann mich schwer durchsetzen gegen die technische Direktion, bin der Prellbock zwischen Betriebsleitung und SED-Kreisleitung. Jeder denkt nur an sich, dann der Abteilungs-Egoismus. Manchmal möchte ich alles hinschmeißen, eine einfache Werktätige sein, wie andere. Das sind so Momente der Schwäche. Das vergeht, ich weiß das.

Ich bitte um Aufnahme . . .

Wer seinen Lebenslauf schreibt, den Fragebogen ausfüllt, zwei Bürgen benennt, zwei Paßbilder abgibt und den Antrag formuliert, der mit dem Satz schließt: ». . . aus diesen Gründen bitte ich um Aufnahme in die Reihen der Sozialistischen Einheitspartei Deutschlands«, der weiß nichts von dem Mystizismus, der seiner harrt.
Die Motive, warum ein Mensch in die Partei eintritt, sind selten genau auszumachen. Jeder weiß, die SED ist kein Schrebergartenverein, in den man beliebig ein- und austreten kann. Jeder weiß, der Aufnahme geht ein Jahr Kandidatenzeit voraus, die Partei ist streng, sie hält Parteiaufträge bereit. Jeder weiß, die Kommunisten organisieren sich seit dem Thälmannschen ZK von 1924 auf der Basis von

Betriebszellen, das bedeutet, politische und berufliche Tätigkeit sind eng miteinander verknüpft. Jeder weiß, als Genosse hat man mehr Verpflichtungen als ein gewöhnlicher Staatsbürger, also weniger Freizeit. Jeder weiß, es gibt Aufnahmeverfahren, in denen man genauer Befragung ausgesetzt ist, einmal als Kandidat, einmal als Mitglied. Wer sich also entscheidet, solch einen Antrag abzugeben, hat normalerweise lange vorher das Für und Wider erwogen.
Mit dem Antrag ist noch nichts entschieden. Die SED nimmt nicht jeden. Sie achtet darauf, daß mehr als 50 Prozent ihrer Leute Arbeiter sind, sie wünscht, daß mehr als 75 Prozent aus der Arbeiter- oder Bauernklasse stammen. Die Statistik wird etwas aufpoliert, weil jeder nach seinem ursprünglichen Beruf geführt wird; der ehemalige Maurer und jetzige Kombinatsdirektor mit Doktortitel gilt lebenslänglich als Arbeiter. Aufgenommen werden bevorzugt Jugendliche unter 25 Jahren und Arbeiter. Wer eine andere soziale Herkunft hat oder älter ist, wird auf eine Warteliste gesetzt. Erst wenn es die strukturelle Zusammensetzung der jeweiligen Kreisleitung erlaubt, einen Angestellten oder Intellektuellen aufzunehmen, bekommt der Betrieb den Fragebogen und darf das Aufnahmeverfahren einleiten. Von der Kreisleitung Berlin-Mitte zum Beispiel kann solche Genehmigung manchmal erst nach Jahren gegeben werden, weil der Stadtteil viele Institute, Verwaltungen, Ministerien beherbergt und wenig Industriebetriebe mit echten Arbeitern. Wird kein Arbeiter gewonnen, gelangt auch kein anderer in Berlin-Mitte in die Partei.
Die Aufnahme gilt als feierlicher Akt und bedarf der nochmaligen Bestätigung durch die übergeordnete Leitung. Es werden Lebenslauf, Antrag und die beiden Bürgschaften verlesen, dann muß der Bewerber erneut seine Beweggründe vortragen. Anschließend wird er ins Kreuzverhör genommen; danach stimmt die Mitgliederversammlung durch Handzeichen ab. In den fünfziger Jahren war das Kreuzverhör eine ziemlich herbe Prozedur, bei der besonders die alten Genossen die Ankömmlinge mißtrauisch und ausgiebig befragten. Seit den sechziger Jahren gerät die Firmung zunehmend zur Routineveranstaltung, geblieben sind die Liturgie, der obligatorische rote Nelkenstrauß und die anschließenden Glückwünsche. Ein Kandidat hat kein

Stimmrecht, ein Mitglied bekommt sein rotes Dokument und das Stimmrecht. Beide dürfen von diesem Tag an Parteibeitrag bezahlen; bis zu drei Prozent des monatlichen Einkommens, zusätzliche Einnahmen sind anzugeben und werden getrennt berechnet. Der Parteibeitrag ist eine Bringschuld, direkt an den Parteisekretär zu entrichten. Der Parteisekretär soll bei diesem monatlichen Kassieren persönliche Gespräche führen, wozu er meist vor lauter Geldwechseln, Listenausfüllen und Stempeln keine Zeit findet.

Im Lauf der Jahre haben sich die Beweggründe zum Parteieintritt gewandelt. Vor 1933 wird das Motiv, die Welt zu verändern, überwogen haben. Wer damals Mitglied wurde, ist heute Rentner.

In den ersten Jahren nach 1945 waren der Abscheu vor dem Krieg und die Sehnsucht nach einer besser eingerichteten Welt die bestimmenden Motive. Ein Deutschland, schön wie nie zuvor, sollte geschaffen werden. Arbeit und Entbehrungen, die strenge Zucht der dogmatischen Parteiführung machten ein Teilnehmen »am letzten Gefecht« der Arbeiterklasse eher attraktiv. Was so aufopferungsvoll erkämpft werden sollte, mußte wertvoll sein. Die reine Lehre von Marx, Engels, Lenin, Stalin leuchtete am Firmament, warf strahlendes Licht auf die graue Realität. Beruhigend für den Untertanen, sich wieder einer weisen Führung anzuvertrauen, hatte er doch nicht gelernt, allein seine Schritte zu lenken. Der Übertritt von der Volksgemeinschaft zur Kampforganisation der Arbeiterklasse gelang sehr vielen sehr schnell.

Dieses Erbe lastet schwer, bestimmt bis heute Verhaltensnormen in der Partei. Der Weg über die Theorie, die Faszination der Schriften von Marx und Engels, bewog andere zum Eintritt, weckte den Wunsch mitzuwirken, diese großartige Utopie lebendig werden zu lassen. Das Ideal vom dialektischen Materialismus im Kopf, stürzten sie sich in die Parteipraxis, vermutend, die klassenlose Gesellschaft, die Abschaffung des Staates, der Kommunismus mit »jeder nach seinen Bedürfnissen« sei in kurzer Frist zu erobern.

In den sechziger Jahren, nach dem Bau der Mauer und nach

der Verdrängung des Schocks über Stalins Verbrechen, baten jene um Aufnahme, die Einfluß nehmen wollten auf die Entwicklung des DDR-Sozialismus. »Wer nicht dazuzählt, wer sich nicht bekennt, kann auch nichts bewirken«, war ein geflügeltes Wort. Da Schaltstellen des Staates und der Wirtschaft grundsätzlich mit Genossen besetzt werden, wurde Genosse, wer an der Macht teilhaben oder »vorwärtskommen« wollte. Karrieristische Beweggründe sind nicht auszuschließen, müssen jedoch nicht bestimmend gewesen sein. Fachliches Wissen und spezifische Kenntnisse waren nun in Parteikreisen hoch geschätzt. Eine alte Lenin-Losung wurde ausgegraben: Die besten Facharbeiter in die Partei.
Seit 1963 stießen jene dazu, die von der DDR erzogen wurden. Ein glatter Lebensweg führte sie über die Jugendorganisationen »Junge Pioniere« und »Freie Deutsche Jugend« in die SED. Mit dem Abitur oder dem Facharbeiterabschluß baten sie um Aufnahme. Sie empfanden das als selbstverständlich, hielten es für normal, wie den Schulbesuch und ihr Recht auf Ausbildung. Sie schauten verwundert auf ältere Genossen, die bei der Aufnahmeversammlung hintergründige Fragen stellten, mehr hören wollten als das einfache Glaubensbekenntnis zum Sozialismus, das vielen jungen Genossen flott von den Lippen kommt.
Am Montagabend sitzen sie dann auf den harten Stühlen, die Genossen, die aus unterschiedlichen Gründen zu unterschiedlichen Zeiten einmal einen Antrag ausfüllten. Sie überlegen, warum sie eigentlich zusammengehören. Der Blick schweift durch die Reihen und prüft, welchen Genossen man als Kampfgefährten anerkennen , auf welchen man sich verlassen kann. Wer wäre noch Mitglied, würde ein Austritt nicht so folgenreich das materielle Wohlergehen dezimieren? Wer wäre noch drin, wäre es nicht die staatstragende Partei? Wen möchte man links und rechts von sich wissen, gälte es, auf einer Barrikade den Sozialismus zu verteidigen? Wer würde – beispielsweise bei einem Parteiverfahren – für welchen Genossen eintreten? Der Blick wandert von Gesicht zu Gesicht, während der Parteisekretär den Rechenschaftsbericht verliest. Unter den 50 Anwesenden findet wohl jeder nur zwei, drei, die seinen Erwartungen an einen Kommunisten entsprechen. Bestimmt würde jeder, wäre die Frage zugelassen, andere Namen

nennen. Aus dem »Bund der Kommunisten« ist ein Konglomerat geworden, eine schillernde Vereinigung, zusammengehalten durch »strikte Einhaltung des demokratischen Zentralismus« und »konsequente Führungstätigkeit«.

Lebenslauf · Luise D., geboren 1914:

1932 wurde ich Bürohilfe in der sowjetischen Botschaft in Berlin, das geschah beinahe zufällig. Ich verliebte mich dort, heiratete und ging mit meinem Mann 1935 nach Moskau. Als der Krieg begann, hat mich mein Mann verlassen. Wir wurden nach Kasachstan evakuiert. Ich arbeitete in einem abgelegenen Dorf auf dem Acker, mein Sohn wurde täglich auf dem Schulweg verprügelt, weil wir Deutsche waren. Nach dem Krieg durften wir wieder nach Moskau, ich fand eine Stelle bei »Radio Moskau«. Mein Mann hat eine andere Frau genommen. 1952 kehrte ich mit meinem Sohn, er war damals 15 Jahre alt, nach Berlin zurück. In der Sowjetunion gehörten wir nicht dazu, weil wir Deutsche waren, in Berlin nicht, weil wir Russen waren.

Als wir heimkehrten, haben sich Bekannte aus der Emigration um uns gekümmert. Ich bekam eine gute Wohnung und eine verantwortungsvolle Tätigkeit in einem Ministerium. Zu dieser Zeit trat ich in die Partei ein. Mit 38 Jahren wollte ich noch einmal neu beginnen. Mir gelang es nicht. Ich hatte nicht die Härte, die von einem Funktionär erwartet wird, und ich hatte Erinnerungen, über die ich nicht sprechen konnte. Deshalb bat ich, wieder als Schreibkraft beim Rundfunk arbeiten zu dürfen. Die Genossen haben schnell zugestimmt. Ich begann mit der Gewerkschaftsarbeit, 20 Jahre war ich ehrenamtlich in der Kommission Gesundheits- und Sozialwesen tätig. 1963 habe ich ein zweites Mal geheiratet. Mein Mann ist kein Genosse, er ist Jude und England-Emigrant. Jetzt sind wir beide Rentner.

Funktionär funktioniert

Es gibt einen uralten Partei-Witz. Die besten Witze dieser Art kommen übrigens aus dem ZK und werden schmunzelnd von den dort Tätigen verbreitet. Der Witz geht so: Man zeichnet eine gerade Linie auf ein Stück Papier und fragt: Was ist das? Die Antwort: der Weg vom Kapitalismus zum Kommunismus. Dann zeichnet man über diese Gerade hinweg eine rechts und links breit ausladende Schlangenlinie und fragt erneut: Was ist das? Die Antwort: der gerade Kurs der Partei.

Von jedem Genossen wird erwartet, daß er Kursänderungen umgehend mitmacht und keine Fragen stellt. Erwartet wird auch, kommt eine Korrektur aufgrund des Protestes der Parteibasis zustande, daß kein Genosse das ausspricht. Neue Erkenntnisse kommen immer aus dem Politbüro und niemals von den Massen. Wagte nur einer den Hinweis, das habe er schon lange gewußt oder gesagt, wäre das der Auftakt zu einer »Fehlerdiskussion«, und die ist tabu. »Genossen, wir haben nicht das Recht und nicht den Überblick, darüber zu urteilen. Wir brauchen keine fruchtlosen Diskussionen über den Personenkult, die ›Ökonomische Hauptaufgabe‹, die ›Sozialistische Menschengemeinschaft‹, Afghanistan, China, Polen, schon gar nicht über das Versagen von Salvador Allende ... Also bitte keine Fehlerdiskussion und keine falschen Wunschvorstellungen.« Die SED-Mitglieder haben sich angewöhnt, still zu genießen, wenn vernünftige Maßnahmen beschlossen werden, und still zu bleiben, wenn sie Maßnahmen für wenig vernünftig halten.

Bewundernswert sind die Funktionäre, die zur Anleitung in die Parteileitungen und Parteigruppen geschickt werden, um den jeweils neuen Standpunkt zu erläutern. Sie sind fähig, mit kühler Geschäftigkeit das Gegenteil von dem zu propagieren, wozu sie vor vier Wochen die gleichen Leute agitierten. Sie reden über das Veränderte so, als hätten sie selbst nie etwas anderes gesagt. Den Schwarzen Peter des »falschen Standpunkts« unterschieben sie ihren Zuhörern. Sie setzen dabei ihr Pokerface auf und blicken in die Pokerfaces ihres Auditoriums. Vergeßlichkeit und Geduld sind offensichtlich zu revolutionären Tugenden geworden. Obwohl es in den Lehrbüchern heißt, Ungeduld zeichne den Revolutionär aus, wird heutzutage als Hauptproblem empfunden, daß einige Genossen »zu weit sehen wollen« und »utopisch werden«, sich nicht damit zufriedengeben, die »Not-

wendigkeiten und Möglichkeiten real zu erkennen«.
Ein Funktionär muß das können. Er hat immer das Nächstliegende zu bewältigen und sich nicht den Kopf aufzuheizen mit Nachdenken oder Träumen. Eigene Ideen und selbständige Initiativen sind von übel. Kommt beispielsweise eine Parteileitung auf die Idee, ihren »Umzugs-Wagen« für den Aufmarsch am 1. Mai außergewöhnlich zu schmücken, ganz abgestimmt auf die Besonderheiten des Betriebes, kann sie schon einen Fehler machen. Bei der »Abnahme« des ausgestalteten Wagens durch die Kreisleitung der SED am Vortage des Festtages wird das Dilemma offenbar. Am Wagen sind keine der offiziellen Losungen, die im »Neuen Deutschland« abgedruckt waren, angebracht. Weiter stellt sich heraus, daß auch diesmal die Köpfe der Parteiführer wie Ikonen durch die Straßen zu tragen sind und keinesfalls etwa Abbildungen von Produktionserzeugnissen. Es stellt sich heraus, daß als »Winkelemente« nur DDR-Fähnchen erlaubt sind, weil Völkerfreundschaft und Solidarität von einem ganz anderen Marschblock vertreten werden. Es stellt sich heraus, daß alles falsch war und blitzschnell wieder so zu machen ist, wie es immer gemacht wurde. Wer das erlebt, mehrmals erlebt, wird sich hüten, selbst bei einer so einfachen Sache wie dem Umzug zum 1. Mai noch einmal eigene Gedanken zu entwickeln. Der kluge Funktionär in einem Betrieb oder auf mittlerer Parteiebene wartet die Direktive ab.
Wenige Genossen, treten sie in die Partei ein, beherrschen diese »Abwarte-Taktik«. In mühsamer Parteierziehung wird ihnen antrainiert, nur nach Plan zu handeln. Denn: »Das Herzstück des Sozialismus bleibt der Plan.« Obwohl der Plan kein Dogma ist. Ein Reichsbahnbeamter aus Halle hat das genau herausgefunden. Befragt nach den chronischen Zugverspätungen, formulierte dieser Eulenspiegel: »Unser Fahrplan ist kein Dogma, sondern eine Anleitung zum Handeln – wir handeln nie dogmatisch.« Also jeder Funktionär bedarf der »Anleitung zum Handeln«, ohne sie darf er nichts tun. Weil das so ist, übernehmen nur wenige Genossen gern Funktionen.

Es ist ein weitverbreiteter Irrtum anzunehmen, daß viele SED-Genossen sich um Stellen in Kommunen, im Staats-

apparat, im Parteiapparat oder in der ganz hohen Wirtschaftsführung drängen. Am unbeliebtesten sind die Posten eines Parteisekretärs im Betrieb oder des Vorsitzenden der Betriebsgewerkschaftsleitung, der Gewerkschaft überhaupt. Jeder Neuwahl geht wochenlanges Beratschlagen voraus, der sogenannte Verschiebebahnhof, damit wenigstens die wichtigsten politischen Wahlfunktionen mit Genossen besetzt sind, damit die Genossen in allen Gremien die Stimmenmehrheit haben. Es ist immer schwer, Bereitwillige zu finden. Oft müssen »harte Bandagen« angelegt werden, um einen Genossen zu »überzeugen«. Es gab den Fall eines angesehenen Ingenieurs von 40 Jahren, der sich entschloß, in die Partei einzutreten. Am 14. Dezember wurde er feierlich als Mitglied aufgenommen. Am darauffolgenden 17. März war er bereits Parteisekretär des gesamten Betriebes. Der Ingenieur hatte einfach zu wenig Parteierfahrung, um dem zu entgehen. Zwei Jahre später bat er, man möge ihn von der Funktion entbinden, sein Privatleben leide, er habe außerdem kaum noch Zeit, zusätzlich Konstruktionsaufträge anzunehmen, sein Geldbeutel leide also auch darunter, er sei überhaupt noch zu unerfahren. Der Ingenieur blieb zwei weitere Jahre in der Funktion, dann schaffte er es, sie einem anderen zuzuschieben. Dieses Beispiel ist gewiß nicht selten.
Üblich ist auch, nicht so überragende Fachkräfte auf Parteischulen zu delegieren. Fehlen sie einige Zeit, ist die Lücke im Arbeitsprozeß nicht so erheblich. Nicht selten wird ein Genosse nach erfolgreichem Abschluß der Parteischule »anderweitig eingesetzt«. Dann geht die Rechnung des Betriebes auf, er kann die Planstelle neu besetzen. Der Partei ist ebenfalls geholfen, sie hat einen neuen Kader. Auf solche Weise sind die wundersamsten Karrieren gemacht worden, die bis in die Büroräume des ZK führten. Der normale Genosse ist nicht scharf auf Funktionen, schon gar nicht auf ehrenamtliche. Auch viele Parteiarbeiter, also die Berufsfunktionäre, sowie viele Mitarbeiter des Staatsapparates streben danach, ihren Beruf wieder in einem Betrieb auszuüben. Im Parteijargon heißt das: »Ich möchte zurück an die Basis.« Je höher die Stellung im Apparat, desto reibungsloser hat der Funktionär zu funktionieren, desto geringer wird selbständiges Handeln geschätzt. Die Gehäl-

ter und Vergünstigungen, die diesen Leuten zukommen, sind wiederum nicht so hoch, meist liegen sie unter dem, was man für eine gleiche Tätigkeit in der Wirtschaft bekommt. Von Spitzenfunktionären in Bezirksleitungen, im ZK und im Politbüro ist hier selbstverständlich nicht die Rede; wie viele sind das schon von den zwei Millionen Mitgliedern der SED?

So geschieht es, daß in den hauptamtlichen Funktionen meist jene hängenbleiben, die nie in der Wirtschaft, Bildung oder Kultur produktiv arbeiteten, die ein Betrieb abgeschoben hat oder die aus gutem Grund nicht wieder dorthin streben. Ihre Aufgabe ist, Beschlüsse, Empfehlungen und Anleitungen weiterzureichen, Planungen aufzuschlüsseln und Informationen nach oben und nach unten weiterzugeben. Sie werden »Verhinderer« genannt, weil sie Vorschläge und Initiativen zunichte machen können, jedoch niemals eigene Gedanken äußern und niemals die Chance haben, eigene Ideen in die Tat umzusetzen. In Versammlungen sitzen sie im Präsidium links vom Parteisekretär, werden kumpelhaft hofiert, und wenn sie zur Diskussion sprechen, wird Aufmerksamkeit geheuchelt. Jeder weiß, daß sie viel reden und wenig entscheiden dürfen. Sie gehören zur Versammlung wie die rote Fahne, die in der Ecke einstaubt. Während die Fahne die gleiche bleibt, wechseln ihre Gesichter oft und ähneln sich doch.

Ist das Schlußwort gesprochen, gehen die Genossen auf ein Bier, »die Versammlung runterspülen«. Der Parteisekretär geht meist mit. Der Referent, der Funktionär von der übergeordneten Leitung, der Gast steigt sofort in sein Auto. Am Montagabend am Biertisch, da sitzen die Genossen beieinander, viele von den zwei Millionen – sie sprechen von ihren Träumen und Sorgen, manchmal auch von Politik.

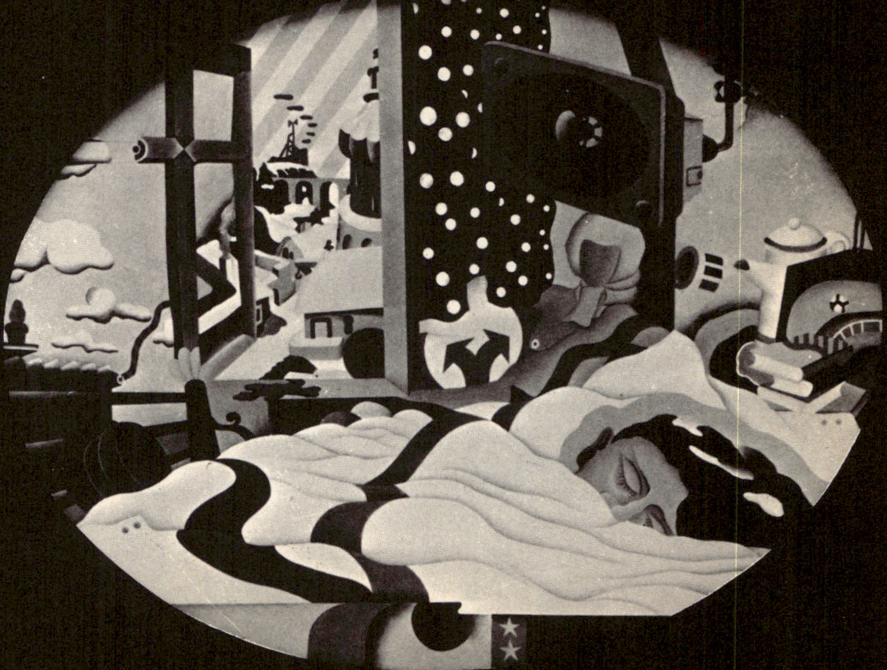

A man is satisfied

Abgegriffene Münzen oder Sozialistische Spielregeln

In der DDR regiert Geld die Welt nicht. Man hat ausreichend, um durchschnittlich zu leben, Wohnung und Grundnahrungsmittel zu bezahlen. Für Geld läßt sich wenig kaufen. Auf ein Auto wartet man zehn bis zwölf Jahre, eine Nacht und einen Tag steht man vor dem Laden Schlange, um einen Farbfernseher zu erwerben, Grund und Boden sind nicht käuflich, Häuser und Segelboote sind rar.

Tausch

Da Geld nicht viel wert ist, muß »der Rubel rollen«. Man lebt für den Tag, die Stunde, ißt und trinkt viel. Über Geld-Besitz spricht man nicht, man stapelt tief. Wenig Geld zu besitzen ist keine Schande, ein hohes Konto ist suspekt. Nach landläufiger Meinung »verschimmelt« das Geld auf dem Konto. Die obligatorischen 3⅓Prozent Zinsen fallen nicht ins Gewicht. Geld auf dem Konto gehört dem Staat. Ehe der Kollege/Freund/Bekannte sein Geld dem Staat gibt, sollte er es dem Kollegen/Freund/Bekannten, der es benötigt, borgen. Da Banken und Sparkassen an Privatpersonen nichts verleihen (Ausnahmen: Baukredit für Kinderreiche, Ehekredit für Paare unter 25), ist nach ungeschriebenem Gesetz jeder, der mehr Geld hat, als er zum täglichen Leben braucht, verpflichtet, davon abzugeben. Die Sitte der Proletarier, das wenige mit seinesgleichen zu teilen, ist tief verwurzelt.
Verwurzelt ist ebenso ein Sicherheitsbedürfnis. Obwohl Lohn oder Gehalt regelmäßig einkommen, an Arbeitsplätzen kein Mangel ist, man bei Krankheit oder Unfall automatisch versorgt wird, ist man mißtrauisch. Die soziale Sicherheit könnte – zwar weiß keiner, auf welche Weise – ins Wanken geraten. Schließlich sind Kurswechsel in Poli-

tik, Wirtschaft und Kultur an der Tagesordnung. So spart man heimlich, sagt selbst Freunden nicht, wieviel man auf der »hohen Kante« hat. Nicht nur gesetzte Leute handeln so. Junge Männer, die den Eindruck erwecken, ihr Geld einzig für Vergnügungen auszugeben, haben nicht selten Tausende Mark beiseite gelegt. Deshalb wachsen die Spareinlagen. Auch deshalb, weil ein Kleinwagen 9000 Mark kostet, ein Mittelklassewagen 22 000, ein Farbfernseher 4000, eine Waschmaschine 2100 und weil in »Exquisit«-Geschäften zu Überpreisen qualitätsvollere Waren erhältlich sind.

Geld wäre kein Problem, gäbe es nur die Mark der DDR. Jedoch kursiert die D-Mark (West). Sie ist bei staatlichen Umtauschstellen in das staatliche Spielgeld »Forum-Scheck« einzutauschen. Mit »Forum-Schecks« zahlt der DDR-Bürger in »Intershop«-Läden und erhält Jeans, Kaffee, Schnaps, Süßigkeiten, Kosmetika, Autozubehör der westlichen Hersteller. Das Westgeld, im Volksmund »buntes Geld« oder »blaue Fliesen« genannt, öffnet dem Besitzer viele Türen, beschafft rare Ersatzteile, läßt Handwerker pünktlich erscheinen. Auf dem »Schwarzen Markt« wird es »eins zu fünf« gehandelt. Dennoch ist nicht jede Ware dafür zu bekommen (es gibt sie einfach nicht). Das »bunte Geld« läßt sich nicht anlegen und vermehren, so kann es die Umgangsformen nicht gänzlich verwandeln. Auch hier gilt: »Der Rubel muß rollen«, und somit regiert Geld die DDR-Welt in keinem Fall.

Die Ware ist das wahre Zahlungsmittel des Landes. Wer etwas zu geben hat, hat Aussicht, etwas zu kriegen. Nach dem Zweiten Weltkrieg schossen Tauschzentralen aus dem Untergrund, die seriösen Schwestern des »Schwarzen Marktes«. Man tauschte Wecker gegen Schuhe, Schuhe gegen Töpfe, Töpfe gegen Wecker. Die DDR hat sich diesem Nachkriegszustand genähert. Mehr noch, sie macht den Warentausch zur hauptsächlichen wirtschaftlichen Verkehrsform. Das gilt für die Kompensationsgeschäfte des Staates im internationalen Stil wie für den Alltag. Seitenweise Tauschangebote in den Zeitungen, im Gebrauchtwarenhandel ist der Tausch institutionalisiert. Da Mangel an fast allem herrscht, ist fast alles Tauschobjekt. Ein Normalfall verläuft so: Ein Mann braucht eine Etagenheizung, der Heizungsinstallateur braucht einen »Trabant« (Auto) für seine Frau. Der Mann hat eine Tiefkühltruhe zu bieten. Er sucht den Tauschpartner »Tiefkühltruhe gegen Auto« (bei Wertausgleich), tauscht dann »Auto gegen Etagenheizung« (bei Wertausgleich). Wer nur mit Geld zahlt, hat wenig Aussicht; Ware plus Geld hat Chancen. Dieser einfache Tausch kann von jedermann bewältigt werden. Die wirkliche Kunst ist, mit dem Warentausch zu spielen, Versorgungsketten aufzubauen, die neben den offiziellen verlaufen und funktionieren. Ein Gaststättenleiter von der Insel Rügen, ein Spezialist auf diesem Gebiet, der bis ins Erzgebirge fährt, um Rollgurte fürs Auto zu »besorgen«, sagte kürzlich: »Wenn es mal keine Engpässe mehr gibt, hänge ich mich auf.« Das Spiel mit dem Mangel hat viele Formen. Um den Alexanderplatz geht täglich eine Siebzigjährige von Geschäft zu Geschäft. Sie fragt die Verkäufer, was sie an Mangelware zu bieten hätten, was sie an Mangelware brauchten. Am Nachmittag bringt sie Spargel, Rindslende, Honig, Pilze, Tomatenketchup, sowjetischen Champagner an den jeweiligen Bestimmungsort im Tausch gegen andere Kostbarkeiten (bei Wertausgleich). Für die »arme Rentnerin« fällt natürlich etwas ab. Wichtiger jedoch, die Frau ist in dieser Gegend eine geachtete Person. Gibt es im Autogeschäft Ersatzteile, stellen sich ganze Familien an, um größere Mengen für späteren Tausch einzukaufen. Werden einmal im Jahr Bestellungen für Gasetagenheizungen oder Baustoffe entgegengenommen, stellen sich zwei Tage und zwei Nächte Leute an, die das Material überhaupt nicht benötigen, sie können es günstig vertauschen. Gleiches gilt für Farbfernsehgeräte, Auslandsreisen, Karten für Beat-Konzerte, Termine zur Wagenpflege, für alles, was der Mensch gebrauchen könnte. Nicht nur Industrieprodukte, jede Art Dienstleistung ist zur Ware geworden: Zahnarzttermin und Saunaplatz, der reservierte Tisch im Restaurant und die Auto-Inspektion. Jobs, die Dienstleistungen vermitteln, sind stark gefragt. Nicht selten hilft der Bewerber durch Bestechung nach, um die Stelle zu bekommen. Es gibt diplomierte Universitätsabsolventen, die Tätigkeiten dieser Art der wissenschftlichen Karriere vorziehen.

Menschen, die etwas »besorgen« können, sind angesehen. Meist haben sie einen ehrenhaften Beruf, den sie gewissenhaft ausüben. Bei ihren »Geschäften« bewegen sie sich innerhalb der Legalität. Organisationstalent, Energie, eine gehörige Portion Unverfrorenheit begleitet von kumpelhafter Biederkeit zeichnen sie aus. Ihr augenzwinkerndes Motto: »Privat geht vor Katastrophe«, oder: »Es geht alles seinen sozialistischen Gang«. Das Streben des DDR-Bürgers ist es, solche Talente in sich zu entwickeln. Wer nichts dergleichen bieten kann, verhält sich devot-bewundernd, hofft auf das Mitleid dieser Tüchtigen.

Stammbaum

In Werte oder Vorteile läßt sich nicht ummünzen, daß man zur führenden Klasse gehört. Arbeiter und Bauern sind Werktätige wie fast alle Bürger. Die Zuordnung zu einer Klasse oder Schicht wird abgefragt in Fragebögen, ist noch wesentlich für die Statistik. Das war nicht immer so. In den fünfziger Jahren, als das bürgerliche Bildungsprivileg gebrochen wurde, erhielten Arbeiter- und Bauernkinder bevorzugt Plätze auf Oberschulen und Universitäten. 1949 wurde die ABF (Arbeiter-und-Bauern-Fakultät) gegründet. Sie ermöglichte in Sonderlehrgängen das Abitur. Bereits 1950 waren 30 Prozent aller Studenten Arbeiter- oder Bauernkinder, bis 1966 erhöhte sich ihr Anteil auf 55 Prozent. So entstand eine neue Intelligenz; die ehemaligen ABF-Absolventen sind heute Führungskräfte in Politik, Wirtschaft und Kultur. Sie kämpfen dafür, daß ihre Kinder nicht zur »Intelligenzia« zählen, nicht das Kainsmal dieser Herkunft tragen.
Nachdem in den sechziger Jahren die »sozialistische Menschengemeinschaft«, das »Reich der Menschlichkeit« verkündet war, jeder Bürger seine sozialistische Persönlichkeit auszubilden hatte und die Klassen und Schichten einander als Brüder umschlungen halten sollten, warf der VIII. Parteitag der SED im Jahr 1971 die Klassenfrage erneut auf. Es war die Rede vom Proletariat, vom Kommunismus und davon, daß die Arbeiterklasse durch sozialpolitische und kulturelle Maßnahmen gezielt gefördert werden muß. Der

alte Slogan aus den Wismut-Tagen: »Ich bin Bergmann, wer ist mehr?« tauchte wieder auf. Die Berufsgruppe der Bauarbeiter erhielt propagandistische Aufwertung, weil der Wohnungsbau zum wirtschaftlichen Schwerpunkt erklärt war. Obwohl niemand abschätzte, in welcher Weise es sich auszahlen könnte, wurde es erneut wichtig, zur Arbeiterklasse zu gehören, am besten zu einem der Gewerbe der Bauindustrie. Es begann eine heftige Diskussion in Gewerkschaftsversammlungen und auch öffentlich. Sie zielte einzig darauf, daß jeder für sich ganz persönlich nachwies, aus der richtigen Ahnenreihe zu stammen. Die ehemaligen ABF-Absolventen waren darin führend, fragten, ob denn nur jede zweite Generation einer Familie zur »führenden Klasse« gehören dürfe, und motivierten ihre Kinder umgehend, die Schule nach zehn Jahren zu verlassen. In Kultur- und Wissenschaftskreisen wurde es Mode zu prahlen: »Unser Sohn wird Arbeiter.«

Die Wogen der Debatte, wer denn nun zur »führenden Klasse« gehöre, besänftigten sich nicht. Sie schlugen hinauf bis in die Führungsspitze. Die einzigen, die kein Interesse daran zeigten, waren die Arbeiter und Bauern sowie die selbständigen Handwerker. Unruhe störte empfindlich das Überbau-Gefüge, führte zu sogenannten »nutzlosen Diskussionen«. Das lenkte ab von der postulierten Hauptaufgabe: »Erhöhung des materiellen und kulturellen Lebensniveaus der Werktätigen«, die von den Beunruhigten agitatorisch und praktisch zu überwachen war. Aus der formulierten Hauptaufgabe entwickelte man nach einem knappen Jahr das Gentleman's Agreement: Wir sind allzumal Werktätige und mangeln des Ruhmes nicht, den wir vor der Partei haben sollen. Nun ist jeder, der Lohn oder Gehalt bekommt, ein Werktätiger und darf sich zur Arbeiterklasse zählen. Ausgenommen sind die Künstler, die jedoch, legen sie Wert darauf, selbstverständlich auch werktätig sind. Infolgedessen konnte Ende 1980 im DDR-Fernsehen eine Kommunalpolitikerin mit Fug und Recht verkünden, daß in die Wohnungen eines Berliner Neubaublocks ausschließlich Arbeiterfamilien einziehen.

Eine Merkwürdigkeit ist aus der Abstammungs-Debatte zurückgeblieben. Die Kandidaten zu jedweder Wahl sowie die mit Orden und Ehrenzeichen geehrten Personen werden in den Zeitungen grundsätzlich mit zwei Berufen vorgestellt. Erich Honecker zum Beispiel: Dachdecker, Vorsitzender des Staatsrates der DDR. Der glückliche Zufall, daß der erste Mann des Staates einst der Bauarbeiter-Zunft angehörte, verleitet jedoch keinen Bauarbeiter zu utopischen Wünschen.

Bildung

Wissen zählt in der DDR. Wissen bedeutet zwar nicht Macht, Kenntnisse und Fertigkeiten sind jedoch Werte. Die Erfahrung zweier Weltkriege wirkt nach: »Was man im Kopf hat, kann nicht enteignet werden.« Die Tradition der deutschen Arbeiterbewegung seit Bebel ist präsent: Bildungsprogramme stehen seit dem Leipziger Vereinstag des »Verbandes Deutscher Arbeitervereine« 1864 ständig auf der Tagesordnung. Lenins Losung »Lernen, lernen und nochmal lernen« ist zur volkstümlichen Redewendung aufgestiegen. Die Maxime des Mittelstandes aus den Gründerjahren der Industriegesellschaft blieb lebendig: Lernen, um es besser zu haben, um aufzusteigen. Qualifizierung und Weiterbildung gehören zum DDR-Alltag. Man macht auf der Abendoberschule den 10. Klasse-Abschluß oder das Abitur nach, im Abend- oder Sonderstudium wird der Facharbeiter- oder Fachschulabschluß erworben, im Fernstudium das Hochschuldiplom. Wer aus dem »einheitlichen sozialistischen Bildungssystem« aussteigt, findet viele Möglichkeiten des erneuten Einstiegs. Daneben gibt es Teilstudien, Speziallehrgänge und Volkshochschulkurse. Sie sind vorwiegend dazu bestimmt, den Werktätigen für den Arbeitsplatz, den er bereits einnimmt, besser auszurüsten. Großbetriebe leisten sich eigene Betriebsakademien. Im Jahr 1977 bildeten sich 1 455 300 Beschäftigte der sozialistischen Wirtschaft weiter, 573 200 davon waren Frauen. Jeder Betrieb ist durch den Betriebskollektivvertrag (jährliche Vereinbarung zwischen Leitung und Gewerkschaft) gesetzlich verpflichtet, einen Frauenförderungsplan, einen Jugendförderungsplan und einen Plan der Qualifizierung aufzustellen. Die Pläne »mit Leben zu erfüllen«, wie es in der Funktionärssprache heißt, ist schwierig, denn verständlicherweise sind weniger Frauen als Männer bereit und in der Lage, sich durch zusätzliches Lernen zu belasten. Die gesetzlichen Voraussetzungen, die praktischen Möglichkeiten sowie die sozialen Vergünstigungen (zusätzliche Freizeit, finanzielle Unterstützung) sind beispielhaft. Für Frauen sind sie günstiger als für Männer, für Mütter mit Kindern noch attraktiver als für Mädchen. So trifft man nicht selten Leute mit zwei abgeschlossenen Berufsausbildungen, mit staatlichen Befähigungsnachweisen für mehrere Fertigkeiten, mit doppeltem Hochschuldiplom.

Obwohl die fachspezifische Ausbildung den Vorrang hat, wird die Allgemeinbildung nicht total vernachlässigt. Wer beispielsweise einen Meisterabschluß macht, muß mindestens fünf schöngeistige Bücher gelesen haben und darüber Auskunft geben können, zwei des »kulturellen Erbes«, drei der Gegenwart. Die geforderten Titel wechseln von Zeit zu Zeit.

Kenntnisse und Fertigkeiten sind auch Tauschobjekte, das ist ganz offensichtlich im technischen Bereich. Wer etwas konstruieren oder reparieren kann, hat eine »Ware« zu bieten. Gleiches gilt für Beratungen aller Art. Normalerweise steigen mit dem Bildungsgrad die Einkünfte. Doch nicht in jedem Fall ist ein sozialer Aufstieg auch ein finanzieller. Ein Setzer verdient mehr als einer, der sich zum Lehrausbilder für Setzer qualifiziert hat, ein Bauarbeiter kann mehr ausgezahlt bekommen als ein Bauingenieur, ein Universitätsabsolvent wird in jedem Fall schlechter bezahlt als ein Fensterputzer. Diese Diskrepanzen im Lohngefüge und eine allgemeine Staatsverdrossenheit halten einen Teil der jungen Leute davon ab, nach weiterer Bildung zu streben. Erfahrungsgemäß hält diese Müdigkeit nicht jahrelang an. Bald nach der Eheschließung, dem Einrichten der Wohnung und dem ersten Kind entschließt sich einer der Partner zur Weiterbildung. Qualifiziert sich der Mann zum Ingenieur, will die Frau wenigstens ihren Meister machen. Ein geflügeltes Wort von jungen Frauen: »Jetzt bin ich mal dran.« Der Ausbildungsgrad ist das Markenzeichen einer Familie. Die Profession der Frau zählt mit, sie wird meist aufmerksamer bewertet, weil das Rückschlüsse auf Lebenshaltungen zuläßt. Beim Vorstellen in Gesellschaften wird

grundsätzlich der Beruf beider genannt, meist dazu die Arbeitsstelle und die Art der Tätigkeit: Frau Meier, Brigadierin im Fernmeldewerk, Herr Meier, Teilkonstrukteur im Baukombinat. Der Beruf ist Anknüpfungspunkt für Gespräche, die Aus- und Weiterbildung ist nach dem Warentausch häufigstes Thema der Unterhaltungen.
Das staatlich geförderte Bildungsstreben birgt Gefahren für den Staat. Wer besser Bescheid weiß, bringt sein Wissen zwar »zum Nutzen der Gesellschaft« ein, beurteilt gesellschaftliche Prozesse jedoch kritischer. Durch erweitertes Wissen werden Ansprüche geboren, sind die Auseinandersetzungen sachkundiger, also komplizierter. Die Verbitterungen der Kundigen, die sehr oft erleben, daß Entscheidungen nicht nach fachlichen Gesichtspunkten getroffen werden, nehmen zu. Proportional zum Wissen steigen Kritik und Unruhe. Was sich daraus entwickelt, ist nicht abzusehen. Jedoch stellt niemand den Wert von Kenntnissen und Fertigkeiten in Frage, sie sind das sicher angelegte Kapital jedes einzelnen.

Gesinnung

Die vierte Münze des »real existierenden Sozialismus« ist das Bewußtsein, das »richtige Bewußtsein«, wie es in Funktionärskreisen genannt wird. Man stellt den Marx-Satz auf den Kopf, behauptet: »Das Bewußtsein bestimmt das Sein.« Ein Schüler braucht es, will er mit 14 Jahren eine »Erweiterte Oberschule« besuchen oder mit 16 eine gute Lehrstelle bekommen oder mit 18 das Abitur ablegen und einen Studienplatz erhalten. Mit fachlichen Leistungen allein sind diese Hürden kaum zu nehmen. Einerseits wird so getan, als habe jeder Mensch von Natur das »richtige Bewußtsein«, weil er in diesem Staat lebt. Andererseits wird das Bekenntnis immer wieder verlangt, wird streng kontrolliert. Der Kurswert des »richtigen Bewußtseins« ist schwer zu bestimmen, da selten ein realer Gegenwert dafür steht. Erwiesen ist jedoch, daß fehlendes »Bewußtsein« negative Folgen für das Sein hat. Nicht erwiesen ist, daß der Besitz des »Bewußtseins« ursächlich zum großen Geld, zu begehrten Waren, zum sozialistischen Sein führt.

Es gibt immer noch diese rührenden Träumer, die glauben, das Bewußtsein sei das A und O der sozialistischen Lebensart. Meist sind es ältere Leute, und sie leisten auf selbstlose Weise nach ihrer beruflichen Arbeit viel gesellschaftliche Kleinarbeit (freiwillige, unbezahlte Arbeitseinsätze, Sammlungen für die Volkssolidarität, Hilfsdienste im Wohngebiet). Sie sind geachtet und belächelt; anläßlich ihres 60. Geburtstages winkt ein Orden.
Bewußtsein, gezielt eingesetzt, ermöglicht den Aufstieg im »ideologischen Bereich«, eine Funktion im Überbau. Verlangt wird Aktivität, eine gewisse Lernfähigkeit, hohes Anpassungsvermögen. Verlangt wird vor allem die Fähigkeit, das Wissen um die Beschlüsse von gestern zu verdrängen und die Beschlüsse von heute als alleinseligmachend zu propagieren. Wer mit diesen Merkmalen ausgestattet ist, kann Funktionär in jeder beliebigen Institution werden. Der Einfluß dieser Schicht wird überschätzt. Sie hat zwar das Recht, »Empfehlungen« und »Weisungen« zu erteilen, kann jedoch nicht den Verlauf gesellschaftlicher Prozesse bestimmen. Ihre einzige Möglichkeit besteht darin, Prozesse zu verhindern. Mit der Wertmarke »Bewußtsein« ist nicht viel Staat zu machen im Arbeiter-und-Bauern-Staat. Was im Alltag als »Bewußtsein« apostrophiert wird, ist überwiegend Konformismus. Nicht immer wird heute das Bekenntnis verlangt, ein Schweigen im rechten Augenblick genügt bereits. Als Störenfriede oder Dummköpfe werden Zeitgenossen angesehen, die in öffentlichen Veranstaltungen oder Parteiversammlungen über »Fragen« den Austausch wirklich wünschen. Erfahrene nehmen den Naivling anschließend beiseite, machen ihm beim Bier klar, daß sie ähnlich denken wie er, es aber nutzlos sei, in der Öffentlichkeit offen darüber zu sprechen. Ein Parteisekretär bei solcher Gelegenheit: »Mein Gott, glaubst du denn, wir sind mit allen Beschlüssen der Partei einverstanden!«

Die Triebkraft, die den »real existierenden Sozialismus« bewegt, ist nicht entdeckt. Wer das Rätsel löst, wüßte Spielregeln für das gesellschaftliche Zusammenleben daraus abzuleiten. Bis dahin gelten die abgegriffenen Münzen überlieferter Verkehrsformen — halbherzig und pragmatisch benutzt.

Versuch S.
oder Der Sprung vom Ei

Geburtsort: Deutschland
Staatsangehörigkeit: DDR
oder
Die Frau und der Sozialismus

Nichts interessiert Frauen in der DDR so wenig wie Erörterungen über ihre Gleichberechtigung. Die Gründe dafür unterscheiden sich nach Altersgruppen und sozialem Stand, sie beruhen auf genauen Erfahrungen. 35 Jahre ist ihre Gleichheit gesetzlich gesichert, staatlich verordnet, betrieblich gefördert, politisch und wirtschaftlich unterstützt, planmäßig entwickelt. Die Frauen und Mädchen in der DDR wissen sehr gut, worüber sie nicht gern sprechen. Sie erleben Vorzüge wie Grenzen des Emanzipationsprozesses am eigenen Körper und sind mittlerweile in die Situation geraten, ihr »Geschütztsein« wie ein Naturereignis zu nehmen, mit dem sie nichts wesentlich Neues beginnen können. Bis sie in diese Situation gerieten, durchliefen sie mehrmaligen Aufbruch und Zusammenbruch. Davon lohnt zu berichten.

Zwei Urteile markieren, wie wenig vom Ganzen begriffen wurde und wieviel in den Köpfen davon rumgeistert, daß Frauen eine unterprivilegierte menschliche Rasse sind, die gleich seltenen Pflanzen oder Tieren geschützt wird, damit sie ihren natürlichen wie gesellschaftlichen Bestimmungen nachkommt. Das eine Urteil sieht im staatlich geförderten Emanzipationsprozeß einzig die Sicherung der notwendigen Arbeitskräfte, stilisiert die Produktivkraft Frau ausschließlich zur ökonomischen Kategorie herab. Das andere Urteil päppelt den stattgefundenen Prozeß zum Erlösungsmythos hoch, belegt das mit stimmigen Zahlen, die wie Gewinnquoten im Lotto verkündet werden. Man besichtigt Tatbestände, indem man Furcht und Mitleid hineinprojiziert oder Dankbarkeit und Glücksverheißung herausdestilliert. Geleugnet wird immer die Aktivität der Beteiligten. Sie gelten als Objekte. Übersehen wird, daß in der DDR seit

30 Jahren Bewegungen vonstatten gehen, für die sich kaum Vergleichbares finden läßt. Andere sozialistische Länder waren wirtschaftlich und zivilisatorisch weniger erschlossen, hatten geringere Traditionen im Bildungssystem, Nachholbedarf in der Alphabetisierung. Kapitalistische Länder versuchten die Gleichberechtigung als gesellschaftlichen Prozeß viel später, behinderten die Bemühungen einzelner Gruppen und verhinderten, daß eine Massenbewegung daraus wurde. Ausgeschlossen blieben in westlichen Demokratien bis heute die Fabrikmädchen und Landarbeiterinnen, Teile der Mittelschichten konnten sich in den Prozeß einschmuggeln.
Was jene Mädchen, die zwischen 1930 und 1940 geboren wurden, versuchten, was mit ihnen in der DDR geschah, soll hier skizziert werden. Auf Urteile und Verurteilungen ist zu verzichten, Schlußfolgerungen sind zu vermeiden, denn richtig besehen steckt die Bewegung auch dort in den Kinderschuhen, obwohl eine Generation sich bereits wundgelaufen hat.

Lebenslauf · Regina R., geboren 1935:

Nach der Schule kam ich zu Fisch-Peulicke in die Lehre. Meine Mutter putzte dort, sie hat das arrangiert. Verkäuferin fand ich schick, und im Lebensmittelhandel fiel manches ab, das war 1949 wichtig. So schick war's dann gar nicht. Der Laden immer kalt, die Hände immer rot, der alte Peulicke mir immer auf der Pelle. Als Lehrmädchen mußte man den Mund halten und alles machen: Straße fegen, Kirschen einwecken, Holz hacken, bei der Wäsche helfen. Mein Vergnügen war tanzen. Jeden Sonnabend und Sonntag auf den Schwof. Ich war eine richtige Tanzmaus. Peulickes sind 1951 nach dem Westen, den Laden übernahm die HO. Verkaufsstellenleiter wurde Egon, ich mußte ihn so nennen, weil wir beide in der Gewerkschaft waren. Egon war Umsiedler, hatte ein zerschossenes Bein, war Vertreter für Strümpfe gewesen und hatte keine Ahnung vom Geschäft. Es interessierte ihn auch nicht, er ließ mich alles machen. Das war schön, ich war mein eigener Herr. Die Verwaltung wußte, wie es bei uns zugeht, deshalb wollte sie

mich bald nach dem Facharbeiterbrief auf einen Verkaufsstellenleiterlehrgang schicken. Ich hatte keinen Sinn für Schulung?
1954 wurde ich schwanger. Was habe ich alles angestellt, um das Kind loszuwerden. Rotwein mit Pfeffer und heiße Bäder, wilde Motorradfahrten und irgendwelche Tabletten geschluckt, bis ich kotzte. Mein Vater hat mich verprügelt, er wollte wissen, wer der »Kerl« ist. Ich behaupte immer, ich hätte Ralph, den Vater von Marina, gar nicht haben wollen, weil er nichts taugte. Ganz stimmt das nicht. Hätte Ralph damals gesagt, wir heiraten, ich hätte ihn geheiratet. Aber er hat das nicht gesagt. Ich war immer stolz. Als ich ihm eröffnete, daß ich schwanger bin, behauptete ich gleich, das müsse ihn nichts angehen. Geheult habe ich in der Zeit jeden Abend. Nicht wegen Ralph, wegen einem anderen. Den konnte ich nun nicht mehr kriegen. Geträumt habe ich, der steht eines Tages im Laden und holt mich und das Kind zu sich. Er war Student, er kam nur an Wochenenden in unsere Stadt, er wußte nichts von meiner Liebe. Jahrelang saß er mir im Kopf. Während ich studierte, dachte ich noch: Jetzt müßte ich ihm begegnen, sozusagen auf gleicher Ebene.
Nachdem Marina geboren war, fand ich alles leichter. Ich fühlte mich erwachsen mit meinen 20 Jahren. Ich spielte Mutter und Ladenbesitzerin, denn das Fischgeschäft mit dem Egon betrachtete ich als meinen Besitz. Ich brachte Geld nach Hause, das Gebrabbel von Vater, wenn ich mal tanzen ging, habe ich mir verbeten. Dann war ich wieder schwanger. Vater hat mich rausgeschmissen. Ich bin sofort gegangen; wie gesagt, ich bin stolz. Erst wohnte ich bei einer Freundin, dann bei einer Tante, Marina war bei meinen Eltern. Daß es nicht so weiterging, war mir klar. Ich hatte eine Riesenwut auf die Männer und auf mich, weil mir die Liebe soviel Spaß macht. Mit einem Mann schlafen, der mir gefällt, das gehört für mich dazu. Sollte das für immer vorbei sein? Ich war ganz schön fertig.
In der Lohnbuchhaltung saß ein alter Genosse. Mit dem schwatzte ich immer, wenn ich meinen Lohn holte, der mochte mich. Jahrelang hat er mir eingeredet, ich könne mehr, als Fisch verkaufen. Als es mir nun so dreckig ging, hat er mich rumgekriegt. Ich bin zum Verkaufsstellenleiterlehrgang gefahren. Da war ich erst mal aus der Schußlinie.

Lernen hat mir plötzlich Spaß gemacht. Man war in einer anderen Welt, es ging nicht nur um Kleinkram. Als ich nach drei Monaten zurückkehrte, war ich im siebten Monat und wie ausgewechselt. Der Betrieb hatte mir ein möbliertes Zimmer besorgt, dort zog ich mit Marina ein. Der Betrieb übergab mir die Fischverkaufsstelle als Leiter, als ich aus dem Wochenurlaub zurückkehrte. Der Betrieb besorgte Krippenplätze für Marina und Frank. Vom Betrieb bekam ich meinen ersten Ferienplatz an der Ostsee. Hinter all dem steckte der alte Genosse aus der Lohnbuchhaltung. Er ist vergangenes Jahr gestorben. Ich war auf der Beerdigung. Große Worte gab es da zu hören und nichts darüber, wie er wirklich war.

Mit 22 Jahren hatte ich zwei Kinder und keinen Mann, meine erste eigene Verkaufsstelle und meinen ersten Lehrling . . . ich hatte eine unbändige Lust, etwas zu lernen. Erst das Abitur an der Abendoberschule, dann das Fernstudium für Binnenhandel. Neun schöne Jahre. Gewiß nicht jeder Tag, im Ganzen aber doch. Meine Wirtin, die Witwe Schleede, hat mir sehr geholfen. Sie gab mir ein zweites Zimmer, versorgte oft die Kinder, mischte sich nicht in mein Leben. Einiges hat sie mir allerdings beigebogen. Ich wollte keine Alimente für die Kinder nehmen. Die Witwe Schleede hat mir die Dummheit ausgetrieben. Ich wollte nichts mehr mit Männern anfangen. Die Witwe Schleede hat mich ausgelacht. Viel war allerdings auf diesem Gebiet nicht los, ich hatte kaum Zeit. Eine Geschichte war ernsthaft. Er war verheiratet, konnte sich nicht entscheiden, ich habe Schluß gemacht. Ich hatte keine Nerven dafür.

Als 1966 die erste große Kaufhalle unserer Stadt gebaut wurde, stand fest, ich werde sie übernehmen. Ich war ja das Prachtstück des HO-Kreisbetriebs, weiblich und mit Diplom. Die Abschlußfeier unseres Studienjahrs endete im Leipziger Nachtlokal Eden. Was waren wir alle glücklich. Für mich endete sie im Bett eines Kommilitonen. Anschließend mit ihm zwei Tage Weimar, Hotel Elephant. Alles war wunderbar, und ich war wieder schwanger. Dieses Kind wollte ich. Es gehört zu meiner Studienzeit. So romantisch bin ich manchmal. Der Kommilitone hat nie erfahren, daß er eine Tochter hat.

Danach ging alles wie nach der Schnur. Ich war Chefin der

Kaufhalle, später wurden wir auch Ausbildungsbetrieb. Erster Urlaub in Bulgarien, Neubauwohnung, Probleme mit Frank in der Schule, das Übliche. Als ich 37 Jahre war, habe ich geheiratet. Mein Mann ist Lastwagenfahrer, er liefert seit Jahren für unseren Betrieb. Allgemeines Staunen. Eine Studierte nimmt einen Chauffeur. Ein Mann, unabhängig, gesund und noch dazu jünger, nimmt eine Frau mit drei Kindern.

Einziges Problem, die Schwangerschaften

Im Krieg und Nachkrieg wird das Leben der Kinder geprägt von den Frauen. Kinder erleben, daß die Mütter den Lebensunterhalt heranschaffen, Entscheidungen treffen, eine Straßenbahn fahren, Granaten drehen, Trümmer wegräumen, aus Stahlhelmen Kochtöpfe pressen, in Ruinen Wohnräume zimmern, die Familie verteidigen und Feste feiern. Jungen und Mädchen werden früh als Helfer und Partner in den Überlebenskampf einbezogen. Unabhängig vom Geschlecht hat jeder seinen Anteil zu leisten, ist berechtigt, an den kargen Vergnügungen teilzunehmen. Der Unterschied zwischen Hausarbeit und Außerhausarbeit ist verwischt, alles dient der kleinen Gemeinschaft, der Familie, dem Haus, der Straße, dem Dorf. Gegenseitiges Helfen ist trotz des erbitterten Überlebenskampfes üblich. Selten spielt der Mann eine wesentliche Rolle. Er ist gelegentlicher Besucher, Foto an der Wand, in Krisensituationen zitierter Halbgott oder »Buhmann«: »Damit wäre mein Mann nicht einverstanden, das kann ich nicht tun« oder: »Wenn das euer Vater wüßte, der würde euch Beine machen«. Solche Ausrufe der Mütter sind nicht ernst zu nehmen, weil jedermann sieht, daß sie alles allein meistern. Die ersten Heimkehrer aus der Gefangenschaft verstärken den Eindruck. Sie sind kaputt, lethargisch, finden schwer Arbeit und sich nicht zurecht. Sie müssen sich vom Krieg auf dem Sofa erholen. Der Mann wird – genau wie die Kinder – eingespannt in das Haushaltsprogramm, fährt Hamstern oder »Organisieren«, ordnet sich der Haushaltsführung unter. Die dominierende Rolle der Frau ist nicht in Frage gestellt, und sie ist beschäftigt genug, nicht über ihren

Status nachzudenken oder gar darauf zu dringen, daß er lauthals bestätigt wird.
Im Nachkrieg wird das Leben der Kinder in der Sowjetischen Besatzungszone geprägt von antifaschistischen Zielsetzungen, vom Gedanken der Gleichheit aller, die keine Faschisten waren. Sie erleben ab Schuljahr 1946/47 die demokratische Schulreform, die Beseitigung der Bildungsprivilegien. Jeder, der will, kann unabhängig von Stellung und Einkommen der Eltern Kenntnisse erwerben. Die Einheitsschule vereint Jungen und Mädchen aus allen Schichten in einer Klasse für acht Schuljahre, die Begabten für zwölf Schuljahre. Weder mit Geld noch mit Waren oder Status ist eine andere Ausbildung zu erhalten. An den Oberschulen steigt bis 1949 der Anteil der Arbeiter- und Bauernkinder auf 36,2 Prozent. Wenn es überhaupt ein Privileg gibt, dann das, Arbeiter oder Bauer zu sein. Der Schmelztiegel des Krieges hat Verarmung hervorgebracht, bewirkt soziale Umschichtungen, vertreibt die Gutsbesitzer und Großfabrikanten. Eine Proletarisierung, die in diesem Teil des Landes geradezu heroisiert wird, setzt ein. Gefragt sind Fähigkeiten, Fertigkeiten, Kenntnisse, der Mensch wird beurteilt nach seinem Können, nicht nach seinem Besitz. Da die materiellen Werte sich im Krieg als wenig stabil erwiesen, will jeder junge Mensch Kenntnisse erwerben, die nicht zu enteignen sind. Ein Bildungstrieb wird ausgelöst, der etwa 20 Jahre anhalten wird. Mädchen sind davon gleichermaßen erfaßt wie Jungen, ihnen kommt kein Gedanke, daß da ein Unterschied sein könnte, weder Familie noch Gesellschaft signalisieren ihn.
Es gibt Verordnungen, die Gleichheit gesetzlich sichern. Der Befehl Nr. 253 der SMAD (Sowjetische Militäradministration Deutschlands) vom 17. August 1946 führt einheitliche Entlohnung unabhängig vom Geschlecht und Alter ein. Der Befehl Nr. 234 vom Oktober 1947 legt für Frauen und Jugendliche erneut fest: Gleicher Lohn für gleiche Arbeit. Das wird von den jungen Leuten nicht als sensationell empfunden, das Gesetz entspricht ihrer Empfindung und Erfahrung.
So wachsen die Mädchen, die zwischen 1930 und 1940 geboren sind, in den Jahren von 1945 bis 1955 in diesem Teil Deutschlands geradezu naiv auf, ihnen kommt kein Ge-

danke des Kampfes für Emanzipation, obwohl sie alle begeistert das Buch »Die Frau und der Sozialismus« von August Bebel lesen. Die gleichaltrigen jungen Männer, in Frauengesellschaft aufgewachsen, durchlaufen ähnliche Bildungs- und Entwicklungsstationen wie die Mädchen. Auch ihnen ist nicht bewußt, daß sie zu einem bevorrechteten Geschlecht gehören könnten. Man lebt gleichberechtigt miteinander in Wohnheimen, Studentenbuden, Baubaracken, Internatsschulen oder im Elternhaus. Ältere junge Männer, die in den letzten Kriegsmonaten noch ins Völkerschlachten geworfen wurden, haben seelische Beschädigungen davongetragen und schlüpfen – ähnlich den heimgekehrten Vätern – zunächst bei den Frauen unter, lassen sich von resolutem weiblichem Pragmatismus beschützen.
Die Töchter übernehmen beim Zusammenleben mit jungen Männern das Arbeitsfeld der Mütter, sehen gleichzeitig auf ihre Ausbildung, ihre Anerkennung in Betrieb, Schule oder Universität. Sie empfinden keinerlei Unterdrückung, lenken sie nebenbei den Haushalt. Die Nur-Hausfrau ist eine seltene Erscheinung, Proletarierfrauen haben immer gearbeitet. Einige Spezialisten der Wissenschaft und Technik, von der sowjetischen Besatzungsmacht wegen ihrer Kenntnisse hofiert, binden ihre Frauen an den Haushalt. Meist sind das ältere Paare, ihre Lebensformen interessieren die Jungen wenig. Wer von den Jüngeren bürgerliche Verhältnisse wünscht, geht nach Westdeutschland. Die große Abwanderungswelle, die etwa 1949 einsetzt und bis 1961 anschwillt, bewirkt, daß Frauen und junge Leute häufig Aufgaben übernehmen müssen, für die sie erst im Arbeitsprozeß Kenntnisse und Erfahrungen erwerben. Reicht die Leistung zunächst nicht aus, bringt das kaum Komplikationen, denn auch junge Männer haben keinen Wissensvorsprung, und die Gruppe der Männer in den »besten Jahren« ist durch den Krieg reduziert. Die älteren Männer und Frauen, die aus Emigration und Konzentrationslager zurückkehrten, die nun das Sagen haben, halten schützend die Hände über die Jungen, die politisch nicht schuldig wurden, die ihre Hoffnung sind.
Einziges Problem der Frauen sind die Schwangerschaften. Die Verhütungsmittel sind unzureichend, die Schwangerschaftsunterbrechung ist verboten. Das »Gesetz über den

Mutter- und Kinderschutz und die Rechte der Frau« vom 27. September 1950 fixiert die Gleichberechtigung, Maßnahmen zur Qualifizierung und zur materiellen Unterstützung der Mütter. Es gibt alleinstehenden Müttern gleiche Rechte wie verheirateten sowie wirtschaftliche und soziale Bevorzugungen, den außerehelich Geborenen das Erbrecht, ihren Müttern das alleinige Erziehungsrecht. Das Gesetz enthält jedoch auch den programmatischen Satz: ». . . deshalb ist die Sorge um die Kinder, die Festigung der Familie und die Förderung des Kinderreichtums eine der vornehmsten Aufgaben unseres demokratischen Staates.« Am Kinderreichtum sind zu jener Zeit nur wenig Frauen interessiert.

Ihr Ausweg ist die Abtreibung. Die Mittel sind primitiv, die Methoden stammen von den Großmüttern, die auf diesem Gebiet zu Vertrauten und Helfern werden. Die »jungen Erbauerinnen des Sozialismus« fahren auch scharenweise nach West-Berlin, lassen sich für teures Geld, die Umtauschquote ist eins zu fünf, beim Klassenfeind die Kinder wegmachen. Sie wissen, daß sie dafür doppelt zur Verantwortung gezogen werden können. Sie machen sich strafbar vor dem Gesetz, oft werden sie zusätzlich vor die Gremien der Partei, der FDJ, der Gewerkschaft zitiert und öffentlich kritisiert. Viele verlieren wegen des Vergehens der »Abtreibung in West-Berlin« ihren Studienplatz, werden für zwei Jahre in Produktionsbetriebe strafversetzt oder vom Betrieb nicht mehr gefördert, weil sie politisch unreif und unzuverlässig sind. Strafrechtlich werden sie nicht verfolgt, obwohl die Gesetze das vorschreiben. Gesellschaftliche Ächtung ist die Strafmethode. Meist aktivieren diese öffentlichen Anprangerungen den Tatendrang der Frauen und Mädchen. Sie erzwingen durch intensive Arbeit und Wohlverhalten die Revision des gesellschaftlichen Urteils. Das gelingt fast immer. Nach zwei Jahren studieren sie weiter oder werden im Betrieb wieder gefördert. Die »Jugendsünde« ist vergeben, sie wird auch im Wiederholungsfall vergeben. Das hat ökonomische Gründe. Oder es ist auf das Einwirken der alten Genossinnen und Genossen zurückzuführen, die in den zwanziger Jahren gegen die Abschaffung des Paragraphen 218 gekämpft hatten, die nun mit Sorge beobachten, wie die neue Gesellschaft mit den Frauen umspringt. Die Alten haben ebensowenig wie die Jungen den Mut, öffentlich dagegen anzugehen, sie benutzen ihren Einfluß, um Beschlüsse zu unterlaufen, Härten zu mildern. Das Ausgeliefertsein an die Biologie signalisiert den Frauen Grenzen, die sie nicht wahrhaben wollen. Werden sie schwanger, müssen sie allein damit fertig werden. Die männlichen Partner schieben ihnen aufgrund des Gleichberechtigungsgesetzes die ganze Verantwortung zu. Geburt oder Abtreibung, die Frau darf ganz allein entscheiden und ganz allein mit den Folgen fertig werden. Die Ungleichheit zwischen Mann und Frau ist erstmalig wieder da. Die Gesellschaft versucht, den Druck auf die Frauen zu mildern. Von 1950 bis 1955 werden 40 000 Kinderkrippenplätze und 160 000 Kindertagesstättenplätze eingerichtet, die nahezu kostenlos sind. Trotz der vielen Abtreibungen bleiben die Geburtenzahlen stabil. 1950 sind es 303 000, 1955 sind es 293 000, 1960 sind es 293 000 Neugeborene. Die jungen Frauen sind nicht grundsätzlich gegen Kinder und Familie. Mit ungeheurem Kraftaufwand versuchen sie, mit ihren männlichen Altersgenossen Schritt zu halten. Sie schließen die Berufsausbildung oder das Studium ab, sie werden berufstätig. Das ist möglich, weil bis 1961 so viel Arbeitskräfte nach Westdeutschland abwandern, daß für jede Frau, die es wünscht, ein Arbeitsplatz mit Perspektive zur Verfügung steht. Die Frauen sind es, die ihre Doppelbelastung öffentlich leugnen. Auf Versammlungen und in Interviews wird von berufstätigen Frauen grundsätzlich behauptet, daß bei gutem Willen und durchdachter Einteilung es nicht schwer ist, allen Anforderungen gerecht zu werden. Die jungen Frauen wünschen keine Absetzung von ihren männlichen Altersgenossen, keinen Sonderstatus. Sie wollen den Zeitverlust, der durch Schwangerschaften und Aufzucht der Kinder entsteht, ausgleichen. Vorbilder sind ihre Mütter, die das unter schlechteren Bedingungen auch schafften. Junge Männer denken ähnlich. Sie sind bereit, im Haushalt zu helfen, zur Kindererziehung beizutragen, ihre Mütter haben sie dazu erzogen. Der Konflikt schwelt in Familien und Partnerbeziehungen.

Lebenslauf · Karin A., geboren 1937:

Mit 17 Jahren lernte ich meinen Mann kennen. Ein Jahr später Abitur, Hochzeit, Geburt des Sohnes. Das ging Schlag auf Schlag. Mein Mann studierte noch, ich wohnte bei meiner Mutter und arbeitete in einem Büro. Ausgemacht war, daß ich studiere, wenn er fertig ist. Es kam anders. Er übernahm eine Baustelle, und ich saß wieder in einem Büro. Zehn Jahre zogen wir von Baustelle zu Baustelle, lebten in Dörfern, nirgends länger als drei Jahre. Kaum hatte ich mich eingearbeitet und Anschluß gefunden: Ortswechsel. Romantisch sind Baustellen des Sozialismus nur im Kino, vielleicht für Bauleute, für meinen Mann zum Beispiel. Ich war unzufrieden, das ließ ich an ihm aus. Er hat mich verstanden und es ertragen. Er tat, was ihm möglich war: Jeden Morgen machte er Frühstück, damit ich eine Viertelstunde später aufstehen konnte, grundsätzlich putzte er die Fenster und saugte Staub, am Wochenende Ausflüge, einmal im Monat in die Stadt zu gepflegtem Essen und Wein. Für mich waren das billige Bestechungen. Mit einem Kollegen fing ich ein Verhältnis an, weil ich irgend etwas Eigenes machen wollte, weil mir alles zuwider war. Selbst das hat mein Mann hingenommen. Er tat, als merke er nichts, darauf habe ich es ihm ins Gesicht gesagt. Er blieb gelassen und meinte, das müsse man miteinander durchstehen. Für mich war er der größte Egoist. Alles ließ er sich gefallen, hatte er nur ein Stück ödes Land, auf dem er bauen konnte. Standen erst Wohnblocks und Kaufhallen, wurde die Wildnis ein bißchen menschlich, trieb es ihn weiter. Aber Familie wollte er, mitten in seiner Schlammwüste. Ein Mensch, der nur an sich denkt.

Nach zehn Jahren ist mir endgültig der Kragen geplatzt. Mein Betrieb wollte mich zum Fernstudium für Ingenieurökonomie delegieren. So bin ich geblieben, er ist weitergezogen. Bald merkte ich, daß ich zur Wochenend-Ehe nicht geschaffen bin. Jeden Sonnabend der obligate Geschlechtsverkehr, jeder Sonntagnachmittag überschattet von Aufbruchsstimmung, einsame Abende. Den Sohn ließ ich in Vaters Bett schlafen, oft kroch ich gleich nach acht Uhr dazu. Morgens verschlief ich dennoch. Nie hatte ich Lust, etwas zu unternehmen, ich verschlampte. Zum Fernstudium kam ich selten, ich lernte am liebsten am Wochenende, wenn mein Mann zu Hause war. Eigentlich bin ich unternehmungslustig, plötzlich interessierte mich nichts mehr. Irgendwann mußte ich mir eingestehen, daß mir mein Mann fehlte, daß ich allein nicht mal die Hälfte von uns bin. Daran war einzig er schuld, er hatte mich verkrüppelt. Endlich Gelegenheit, mich selbst zu finden. Ich lebte streng nach Plan: montags und freitags die Hausarbeit, dienstags Gewerkschaft, ansonsten Lernen, Kino, Besuche bei Kollegen. Vergnügen hatte ich nicht daran, ich nahm mich lediglich in die Pflicht. Als ich erfuhr, daß mein Mann ein »Bratkartoffelverhältnis« mit einer Frau mit zwei Kindern hat, fiel mein mühsam aufgebautes Kartenhaus zusammen. Manfred sollte wieder abends bei mir im Sessel sitzen und meinetwegen vor Müdigkeit einschlafen, was mich eigentlich zur Weißglut bringt. Zwei Jahre haben wir uns das Leben zur Hölle gemacht. Mein Mann konnte nicht zurückfinden, die andere Frau bedeutete ihm etwas. Ich war nicht verständnisvoll: jedes Wochenende bissige Anspielungen, Heulen oder Selbstmorddrohungen; ein verzweifelter Urlaub mit viel Alkohol und krampfhaft wilden Liebesnächten. Wie es kam, daß wir erneut zusammenfanden, ist nicht zu erklären. Ganz konventionell. Wir sind auf eine neue Baustelle gezogen und haben ein »Versöhnungskind« bekommen. Ich gab meinen Traum vom Studium auf und lernte Fremdsprachen. Volkshochschulen gibt es überall, Sprachkenntnisse werden auf jeder Baustelle irgendwann gebraucht. In Russisch und Polnisch habe ich bereits den Abschluß, nun beginne ich Tschechisch. Vieles wurde wieder wie früher. Jetzt hat es für mich einen anderen Sinn. Ich lebe nicht nach den Vorstellungen meines Mannes, es sind meine eigenen. Unwichtig, ob sie mir irgendwann untergeschoben wurden, etwas Besseres habe ich für mich bis heute nicht entdeckt.

Der Guerilla-Krieg

1961 sind die Frauen, deren Werdegang wir hier verfolgen, 21 bis 31 Jahre alt. Sie haben ihre Ausbildung abgeschlossen, Familien gegründet, Kinder bekommen, Berufserfahrung gesammelt. Die Staatsgrenze der DDR ist geschlossen,

Abwanderung von Arbeitskräften findet nicht mehr statt. Der Sozialismus soll planmäßig und störfrei aufgebaut, die Überlegenheit dieses Systems im wirtschaftlichen Wettbewerb bewiesen werden. Organisation, Wissenschaftlichkeit und Effektivität sind vorrangig. Das Leistungsprinzip soll zum Maß aller Dinge werden. Gleichzeitig wird die »sozialistische Menschengemeinschaft«, ein klassenloses Reich der Brüderlichkeit proklamiert. Jeder Bürger soll »allseitig seine sozialistische Persönlichkeit ausbilden«.
Diese veränderten Zielsetzungen, die sich deutlich von der Abriß- und Aufbau-Zeit unterscheiden, begegnen den jungen Frauen in einem Lebensabschnitt, in dem man naturgemäß erstmalig resümiert. War die Berufswahl optimal? Will man die nächsten 30 bis 40 Jahre diese Tätigkeit ausüben? Hat man den richtigen Partner gewählt? Beginnt Alltagsroutine den Blick zu trüben? Sind Träume begraben? Entspricht die Arbeitsaufteilung in der Familie den eigenen Bedürfnissen? Hat man Kraft, sein Leben noch einmal zu verändern? Die politischen Parolen befördern das Nachdenken über die Zukunft. Eine große Zahl von Menschen in der DDR, natürlich auch Frauen, will sich den neuen Leistungsprinzipien stellen. Neues Qualifikationsfieber erfaßt Teile der Bevölkerung. Es wird gespeist von einer Wissenschaftsgläubigkeit, die sich ins Mythische versteigt. Man nimmt erstmalig oder erneut ein Studium auf, man ergreift neue Berufe, man verbessert seine Kenntnisse, um mittlere und höhere Leitungspositionen einzunehmen. Die Zukunft erscheint berechenbar. Der individuellen Entfaltung scheinen alle Tore offenzustehen.
Die alten Genossen, die aus Emigration und Konzentrationslager kamen, gehen in den 60er Jahren in den Ruhestand. Sie übergeben ihre Positionen jüngeren, den Vätern und älteren Brüdern unserer Frauengeneration. So werden diese Männer erst spät Abteilungsleiter, Meister, Schichtingenieur oder Direktor. Jahrelang waren sie im Status des »jungen Mannes« verblieben, desjenigen, der Vertrauen erst erringen mußte. Sie waren auf »Antifa-Schulen« in sowjetischer Kriegsgefangenschaft im Schnellverfahren politisch umgeschult worden, auf Kurzlehrgängen erlernten sie später so viel, daß sie mit der Wirtschaftsführung zurechtkamen. Ihre Ausbildung ist selten fundiert, dafür kennen sie

die taktischen Schliche der Planwirtschaft, sind Meister pragmatischer Tricks. Diese Männer, die ihr Soldatenerlebnis verdrängt oder verwunden haben, die aus guten Gründen oder ohne Grund die DDR zu ihrem Arbeitsfeld machten, haben mühsam ihr angeschlagenes Selbstbewußtsein stabilisiert. Sie sind Pragmatiker und »Arbeitstiere«. Anpassung und Wohlverhalten kennzeichnen sie. Durch fleißige Kleinarbeit in der Abriß- und Aufbauphase gewannen sie neues Wertgefühl. Ihre Maxime ist Disziplin und Einsicht in die Notwendigkeit. Selbstverständlich haben diese Männer umgelernt und dazugelernt, unberührt ist davon der sogenannte Privatbereich geblieben. Ihr Denken außerhalb der Produktionssphäre ist geprägt von den ethischen Idealen ihrer Jugend, es bleibt konservativ und kleinbürgerlich. Unerschütterlich ist ihr Status- und Obrigkeitsdenken, ihr Glaube an die Vormacht des Alters gegenüber der Jugend, des Mannes gegenüber der Frau. Lange litten diese Männer an ihrem schlechten politischen Gewissen, lange haben sie im Schatten der alten Genossen gestanden. Jetzt wollen sie Politik, Wirtschaft und Kultur nach ihren Anschauungen einrichten. Jetzt wird plötzlich allerorts Wissenschaftlichkeit verlangt. Die Jungen, in der DDR großgeworden, haben sie. Theoretisches Wissen und praktische Erfahrung treten einander als Generationskonflikt gegenüber, der offiziell geleugnet wird. Die Väter-Generation ist nicht bereit, auf den soeben gewonnenen Führungsanspruch zu verzichten. Es beginnt ein erbitterter Kampf, der von allen Beteiligten verdeckt geführt wird. Die sich ausbreitende Industriegesellschaft mit ihrem Leistungszwang offenbart erstmalig ihre düsteren Seiten.

Der Arbeitskampf überschattet alle Lebensbereiche. Der jahrelange Zusammenhalt der jungen Männer und Frauen zersplittert, jeder wird sich selbst der Nächste. Von den unterschiedlichen Begabungen und Veranlagungen der Geschlechter ist plötzlich die Rede. Die Väter-Generation lehrt die jüngeren Männer die Werte der Männergesellschaft, sie bevorzugt Männer als »linke Hand«, als Nachfolger, als »aufzubauende Kader«. Das ist keine geplante Strategie, das geschieht fast unmerklich. Das ist möglich,

weil die neue Industriegesellschaft die Alten und ihren Pragmatismus zu bestätigen scheint.
Am Arbeitsplatz triumphiert das Kosten-Nutzen-Denken. Gerechnet wird nach Produktionsergebnis, Ausfallstunde, Krankenstand, nach ökonomischer Effektivität. Eine Arbeitskraft, die zusätzlich ein Studium aufnimmt, erhält gesetzlich zugesicherte freie Studientage. Sie ist also weniger rentabel. Ist die Arbeitskraft weiblich, steht ihr monatlich ein Haushaltstag zu; hat sie Kinder, ist mit weiteren Ausfallzeiten zu rechnen. Diese Arbeitskraft ist also noch unrentabler. Da Arbeitskräfte gebraucht werden, nimmt der Betrieb die Behinderungen in Kauf, achtet jedoch darauf, daß die »unsicheren Kantonisten«, also vorwiegend die Frauen, nicht an Schaltstellen sitzen. Es wird üblich, bei Einstellungs- und Kadergesprächen das Liebesleben der Frauen auszuforschen, skrupellos nachzufragen, ob und wann sie Kinder haben möchte, ob sie bereit sei, bei Krankheit des Kindes zu arbeiten, ob ihr Mann sich etwa qualifiziere, wie sie zu Überstunden, Sonderschichten, längeren Dienstreisen stehe. Will eine Frau die gleichen Chancen haben wie ihr männlicher Altersgenosse, muß sie den Anschein erwecken, sie sei ein »Mann ohne Penis«. Dazu entschließen sich viele Frauen. Sie empfinden das nicht als Beschneidung ihrer Individualität, eher als notwendigen Trick, als amüsantes Rollenspiel. Noch stört es sie kaum, daß sie Fähigkeiten erst beweisen müssen, die bei Männern wie selbstverständlich vorausgesetzt werden. Die Beweise werden eben erbracht. An Diskussionen über die unterschiedlichen Veranlagungen der Geschlechter beteiligen sich Frauen nicht. Sie brauchen keine Aufklärung darüber, was sie können. Diese scheinbar unkämpferische Haltung der Frauen ist bezeichnend. Sie benutzen ihre passiven Tugenden, arbeiten mit überkommenen Sklaveneigenschaften, mit Schlauheit und List. Im jahrelangen Generations- und Geschlechterkampf am Arbeitsplatz gibt es keine offenen Schlachten, gekämpft wird nach Guerilla-Logik.
Benutzt werden vorhandene Organisations- und Verkehrsformen, beispielsweise die Brigadebildung. Brigaden sind Arbeitskollektive, Abteilungen, Meisterbereiche, die um den Titel »Kollektiv der sozialistischen Arbeit« im Wettbe-

werb stehen. Zunehmend entstehen Frauenbrigaden, staatlicherseits gefördert wie Jugendbrigaden. In Frauenbrigaden ist es möglich, die Arbeit so einzurichten, daß zur Belastung durch kranke Kinder oder andere familiäre Sorgen nicht noch die Repressalie des Leistungsdrucks hinzutritt. Sie wird zumindest abgeschwächt durch das weibliche Kollektiv, den weiblichen Meister, die flexibleren Formen der Arbeitsorganisation, die sich die Frauen ausdenken. Frauen können Lehrgänge besuchen, Tagungen und Dienstreisen wahrnehmen, weil ihre Kolleginnen die Kinder betreuen. Selbsthilfesysteme entstehen, die bei passender Gelegenheit institutionalisiert werden, für die man Betriebsgelder fordert und bekommt. Wie früher in Familien werden jetzt am Arbeitsplatz Belastungen gemeinsam getragen, Konflikte untereinander bereinigt. Frauenbrigaden setzen sich durch, können Forderungen stellen, weil sie im sozialistischen Leistungssystem hervorragend funktionieren. Dieses gesellschaftliche Ansehen wird genutzt und ausgenutzt. Aus Frauenbrigaden entwickeln sich Meisterinnen, Betriebsingenieurinnen, Abteilungsleiterinnen. Gestärkt durch die Gemeinsamkeit gebrauchen die Frauen ihr Mitspracherecht. Betriebsleiter und Parteisekretäre haben gehörigen Respekt – manchmal archaische Ängste – vor der geballten Kraft dieser Frauenbrigaden, denn sie benutzen auch unfaire Methoden, starten beispielsweise persönliche Angriffe auf Funktionäre, um etwas durchzusetzen.

Die Gewerkschaft ist ein weiteres Betätigungsfeld. Frauen besetzen Funktionen in Abteilungs- und Betriebsgewerkschaften. Weibliche BGL-Vorsitzende (vergleichbar dem Betriebsratsvorsitzenden) gibt es viele. Überall dort, wo gesellschaftliche Arbeit konkret ist, ziehen Frauen ein und kümmern sich um Betriebsbelange, wie sich ihre Mütter um die Familien kümmerten. Der Anteil der Frauen in den Betriebsgewerkschaftsleitungen überwiegt, in den betrieblichen Parteileitungen entspricht er der Mitgliederzusammensetzung. Die Frauen vertreten ihre Interessen in den traditionellen Organisationen der Arbeiterbewegung. Sie gründen keine Frauenvereine und Frauengruppen, sie treffen sich nicht in Zirkeln, um ihre speziellen Probleme zu erörtern. Die Besonderheiten ihres Geschlechts sind kein

Thema für sie. Alles ist darauf ausgerichtet, gleicher Mensch unter Gleichen zu sein, sich dort zu konfrontieren, wo die Fragen aller Werktätigen verhandelt werden. Weil Frauen so denken, spielt der »Demokratische Frauenbund Deutschlands« keine bedeutende Rolle. Er ist im Wohngebiet organisiert, hat keinen Einfluß auf Produktion, Arbeitsbedingungen und Verteilung des Betriebsgewinns. Er ist somit für den täglichen Kampf der Frauen wertlos, er ist Sammelbecken für ältere Genossinnen, für nicht-berufstätige junge Frauen. International vertritt der DFD die »Errungenschaften« der DDR, die Frauen vertreten ihre Sache vor Ort. Die vorbildlichen Einrichtungen der Betriebe im sozialen und medizinischen Bereich, die werkseigenen Kindergärten, Kinderkrippen, Kliniken, Kinder-Krankenstationen, Friseure, Kosmetiksalons, Waschanstalten, Lebensmittelverkaufsstellen, Ferienheime, Kindererholungsstätten, Ferienlager für Kinder, die Rentnerbetreuung, die Arbeiterversorgung im Schichtdienst, die Frauenruheräume und die Stillzimmer sind von Frauen erdacht und durchgesetzt. Manchmal wird ihnen vorgeworfen, ihre Initiativen seien unpolitisch. Darüber lächeln sie, schließlich vertreten sie die Interessen der Mehrheit. Unbeirrt führen sie einen Kleinkrieg um Geld, Baukapazität, Arbeitskräfte für ihre Ideen. Sie gewinnen ihn meist, weil sie die besseren Argumente, die Stimmenmehrheit und ihre Vitalität haben. Die stolzen Zahlen der DDR-Statistik zum »materiellen und kulturellen Lebensniveau der Werktätigen« sind Früchte jahrelanger Basisarbeit, die vorwiegend Frauen leisteten.

Zur Spitze der DDR-Hierarchie gelangen Frauen selten. Nur wenige streben ernsthaft dorthin. Sie wissen, daß mit höherer Funktion der reale Einfluß geringer, der Zwang des Apparates drückender ist. Das liegt am System. Sich in ihm zerreiben zu lassen, gleichzeitig auf Individualität und Familienleben zu verzichten, dazu neigen wenige Frauen. So überlassen sie den offiziellen Führungsanspruch weitgehend Männern, die mehr Sinn für Repräsentation und Macht haben. Frauen erweitern ihren Einfluß an der Basis und auf mittlerer Leitungsebene, überall dort, wo die Dinge noch konkret und durchschaubar sind.

Härter ist der Geschlechterkrieg in den Familien und Partnerbeziehungen. Im Nahkampf steht Mensch gegen Mensch. Wessen Arbeitskraft ist gesellschaftlich wertvoller, wessen Beruf wichtiger, wessen Qualifizierung vorrangig? Der Schwächere muß das Haus hüten, die kranken Kinder versorgen, die Versammlung versäumen, die wichtige Dienstreise nicht wahrnehmen, das Fernstudium aufgeben. Wer zu Hause unterliegt, verliert auch am Arbeitsplatz an Gesicht. Der Schwächere ist nicht a priori die Frau. Es wird nicht sofort die traditionelle Entscheidung zugunsten des Mannes getroffen. Zermürbende Kämpfe ziehen sich über Jahre, am Ende steht oft die Scheidung. Zunächst suchen die Paare nach unkonventionellen Lebensformen. Vorbild sind beispielsweise die Revolutionäre in sowjetischen Romanen, die ihre Kinder ins Heim geben, sich ganz »der Sache« opfern. Man lebt zeitweise getrennt, jeder dort, wo er die besten beruflichen Aussichten hat, oder man lebt nach minutiösen Haushaltsplänen mit vornotierten Pflichten und Freiräumen. Mit den Notwendigkeiten des Lebens stimmen die Versuche selten überein, meist bringen sie neue Konflikte. Mit dem neuen Familiengesetz stimmen die Versuche überein, denn der Mann ist nicht mehr alleiniges Familienoberhaupt, seinen Wohnsitz kann jeder Partner selbst bestimmen, die Schuldfrage bei Scheidungen ist abgeschafft, der außereheliche Geschlechtsverkehr ist kein Scheidungsgrund mehr.

Lebenslauf · Ingeborg T., geboren 1940:

Mit 22 Jahren kam ich auf die Arbeiter-und-Bauern-Fakultät nach Halle. Ich hatte Schneiderin gelernt und als Brigadier in der Konfektion gearbeitet. Nun wollte ich das Abitur machen, danach studieren. Hals über Kopf verliebte ich mich in Heinz, zu Ostern heirateten wir, im Juni wurde André geboren. Alles verlief günstig, ich versäumte kaum Vorlesungen. André gaben wir nach Dresden zu meiner Schwiegermutter, sie war glücklich, wieder einen Jungen versorgen zu können. Mir war es auch recht, denn Säuglinge im Studentenwohnheim, das war für Eltern und Kinder entnervend, ich sah das bei meinen Freundinnen. Meinem

Mann fiel das Studium schwer, er verpatzte zwei Prüfungen und gab nach dem dritten Semester auf. Er ging als Elektriker in seinen alten Betrieb zurück, wohnte wieder bei seiner Mutter. Fast jedes Wochenende fuhr ich zu ihm und dem Kind. Nie fragte Heinz, wie es in Halle geht, was die alten Freunde treiben. Erzählte ich, tat er gleichgültig. Aus seinem Leben war dieses Kapitel gestrichen, für mich war es das Wichtigste. Wir konnten nur noch miteinander über das Kind sprechen, bei allen anderen Themen verkrampften wir uns. Als André drei Jahre alt war, trennten wir uns in Freundschaft. Das Gericht sprach Heinz das Erziehungsrecht zu, weil das Kind im Haushalt seiner Mutter lebte. Eine Entscheidung im Sinne des Kindes, ein Präzedenzfall für Gleichberechtigung, die Mutter zahlt Alimente. Die Richter waren zufrieden mit sich. Mir war nicht wohl dabei, obwohl sich eigentlich nichts änderte, ich besuchte André weiter regelmäßig, für ihn war es wohl so das beste. Später hatte ich nie die Kraft, das Urteil anzufechten. Heinz heiratete wieder, zwei Kinder kamen dazu, André wächst in einer intakten Familie auf. Damals wußte ich nicht, daß ich keine Kinder mehr bekommen würde.

Als in den Ehen nach neuen Verhaltensnormen gesucht wird, entfaltet sich an den Arbeitsplätzen ein fröhliches Liebesleben. Die gemeinsame Arbeit schafft Gleichklänge, während in den Familien die Mißtöne anschwellen. Der Betrieb wird Ersatz-Familie. Die Brigaden haben die Losung »gemeinsam sozialistisch arbeiten, lernen und leben« auf ihre Fahnen geschrieben. »Sozialistisch leben« heißt mit dem Kollektiv Ausflüge machen, Theater besuchen, kegeln und feiern. Bei solcher Gelegenheit finden sich die Paare, denn es ist verpönt, Angehörige mitzubringen. Kürzere und dauerhafte Liebesbeziehungen entstehen, das gesellschaftliche Umfeld wie der biologische Lebensabschnitt begünstigen es. Die Väter-Generation ist in diesem lustvollen Treiben ausgesprochen aktiv, sie will zum neuen Ansehen die neue Frau. Die Frauen verhalten sich gleichberechtigt. Sie wählen Liebhaber, nutzen ihre weiblichen Reize für ihr Fortkommen, trennen sich von ungetreuen Partnern, kurzum, sie handeln wie die Männer, möglicherweise rigoroser und entscheidungsfreudiger. Die Mehrzahl der Scheidungen wird von Frauen beantragt. Bevorzugter Scheidungsgrund: Mein Mann/meine Frau ist gesellschaftlich zurückgeblieben, hat nicht mit meiner Entwicklung Schritt gehalten. Oder: Mein Mann/meine Frau interessiert sich nur für Arbeit und Fortkommen, verhält sich im persönlichen Leben lieblos und egoistisch.

Nach gescheiterter Partnerbeziehung werden neue eingegangen, mit und ohne Trauschein. Das Gesetz ermöglicht es. Nun soll vieles anders und besser gemacht werden. Manche Frau macht Zugeständnisse, pocht nicht nur auf ihre verbrieften Rechte, verlangt nicht absolutes Primat ihrer beruflichen Entwicklung. Manche Frau, deren erste Ehe scheiterte, weil sie sich zu stark dem Mann unterordnete, versucht es jetzt mit mehr Eigenständigkeit. Die neuen Partnerschaften sind geprägt vom Kompromiß. Nachdem Männer und Frauen einander täglich verletzten, ihre Kinder egozentrischem Druck auslieferten, beginnen sie, vorsichtiger miteinander umzugehen. Viele Frauen beschließen, nicht mehr »vierbeinig durchs Leben gehen zu wollen«. Sie leben allein mit ihren Kindern, genießen es, keine Kompromisse zu machen. Bleiben sie bei dem Vorsatz, gelingt ihnen hohe Eigenständigkeit. Sie zahlen dafür den Preis zunehmender Einsamkeit, die meist offenbar wird, wenn sich die Kinder von der Mutter lösen.

Anfang der 70er Jahre sind die Freiräume belegt, die Positionen verteilt, die wirtschaftliche Entwicklung der DDR ist nicht mehr extensiv. Die Kämpfe am häuslichen Herd sind in eine andere Phase getreten, die am Arbeitsplatz grundsätzlich entschieden. Der VIII. Parteitag der SED beschließt ein umfangreiches Sozialprogramm, es bringt endlich auch die Abschaffung des Paragraphen 218. Ohne Angabe von Gründen und auf Kosten der Krankenkasse sind Schwangerschaftsabbrüche jetzt bis Ende des dritten Monats möglich. Das Sozialprogramm bringt außerdem Arbeitszeitverkürzungen für Frauen mit drei und mehr Kindern, finanzielle Unterstützung kinderreicher Familien und junger Ehen, Freistellung der Frauen für ein Jahr nach der Geburt eines Kindes. 1977 wird ein neues Arbeitsgesetz verabschiedet, das die besonderen Rechte der werktätigen

Frau und Mutter manifestiert und alleinstehende Väter den Frauen gleichstellt. Diese Beschlüsse und Gesetze, von Männern verkündet, sind in jahrelangem Kleinkrieg von Frauen errungen. Der Kampf war nicht spektakulär, militante Formen nahm er selten an; ein Partisanenkrieg ohne offene Schlacht, in dem einiges Terrain erobert wurde und Verwundungen an der Tagesordnung waren.

Lebenslauf · Marianne E., geboren 1938:

Wir stammen aus Ostpreußen. Im Juni 1945 saß ich als Siebenjährige am Straßenrand und sang »Ännchen von Tharau«. Eine Frau kam vorbei, sie sagte, daß wir bei ihr wohnen können. So sind wir in Mecklenburg hängengeblieben, haben bei der Bodenreform Land genommen, sind Bauern geworden. Nach der Schule arbeitete ich auf unserem Hof. Mit 18 wollte ich einen Nachbarssohn heiraten, zu der Zeit kam ein neuer Schweizer aufs Volksgut. Er spielte abends Akkordeon, mit ihm bin ich weggegangen auf ein anderes Volksgut. Gerhard war elf Jahre älter als ich und Genosse. Wir heirateten, ich arbeitete mit ihm im Stall. Jeder Arbeitstag machte Spaß, er lachte und sang gern, abends zeichneten wir Tabellen und Milchkurven oder feierten, wir richteten uns eine gemütliche Pausenecke im Stall ein, gründeten einen Dorfchor, immer hatte er Ideen, selten verlor er den Humor. Zwei wunderschöne Jahre voller Arbeit und Vergnügen. Dann bekam ein Mädchen aus dem Dorf von Gerhard ein Kind. Ich wollte ihn nicht verlieren, nach einem halben Jahr war ich ebenfalls schwanger. Es hat mir nichts genützt. Als unsere Tochter geboren war, zog er zu der anderen, wir ließen uns scheiden. Was ich falsch gemacht habe, weiß ich bis heute nicht.

Ich war 21 und ohne Beruf. Auf den Hof zurück wollte ich nicht. So blieb ich im Dorf und ging zur LPG in den Stall, die brauchten jede Hand. Alles, was ich tat, war gegen Gerhard gerichtet. Der LPG-Stall sollte besser werden als der vom Gut, dafür lernte ich nachts, dafür wurde ich Facharbeiter und später Brigadier, dafür ging ich in den LPG-Vorstand. Der andere Grund war meine Tochter, sie sollte später stolz auf mich sein. Irgendwann verflog mein

Groll auf Gerhard, inzwischen sind wir wieder gute Arbeitskollegen, fast Freunde.
Ich bin nicht gern allein, bei der Arbeit und nach Feierabend brauche ich Leute um mich. Deshalb zog ich mit Gisela zusammen, sie arbeitet im LPG-Büro und hat auch ein Kind. Wir haben eine schöne Weiberwirtschaft aufgemacht. Das Dorf klatschte, mal waren wir lesbisch, mal hatten wir ein Bordell. Es hat uns nicht gestört, zu zweit waren wir stark. Wir lebten nicht wie die Nonnen, aber einen Mann fürs Leben suchte ich nicht, ich war mißtrauisch geworden. Weniger gegen die Männer, mehr gegen mich.
Als meine Tochter eingeschult wurde, kam Ludwig auf die LPG. Unsere Tierzucht war berühmt, wir bekamen einen Hochschulkader. Zwischen Ludwig und mir wurde es sofort ernst. Wir fanden uns über die Arbeit, er hatte Köpfchen, ich Erfahrung. Mir imponieren Männer, zu denen ich aufsehen kann, die bringen mich in Schwung. Ludwig ist fünf Jahre jünger als ich, das hat uns nie gestört. Ludwig sah gern nach anderen Frauen, ich war zwar eifersüchtig, richtig gekränkt hat es mich nicht. Wir wollten eine Rinderfabrik unter wissenschaftlichen Bedingungen, das schweißte uns zusammen. Um seiner ganz sicher zu werden, bekam ich ein Kind. Er freute sich, besuchte mich in der Klinik mit einem Riesenblumenstrauß, und als ich mit der Kleinen nach Hause kam, eröffnete er mir, daß er zur Akademie für Landwirtschaftswissenschaften in die Forschung geht ... und zwar allein. Wieder zwei schöne Jahre, wieder alles kaputt, ich 32, zwei Kinder am Hals. Alles verlief wie beim ersten Mal. Nun wollte ich studieren. Die LPG wollte mich erst nicht weglassen, dann hat sie mich delegiert. Die Große blieb bei Gisela, die Kleine nahm ich mit zur Fachschule. Auch sie hat mir wieder geholfen. Ohne Kinder hätte ich wahrscheinlich nicht durchgehalten, sie ordnen das Leben, geben ihm Sinn. Nach drei Jahren kehrte ich ins Dorf zurück und war Ingenieur für Tierproduktion. Jetzt leite ich die Großanlage, die Ludwig damals konzipierte. Es ist schon komisch, ich verdanke alles den Männern, die ich liebte, und den Kindern, die ich geboren habe. Jetzt lebe ich wieder mit einem Mann zusammen, kein Tierzüchter, ein Agraringenieur. Wieder ist alles wunderbar, ein Kind möchte ich allerdings nicht von ihm.

Siegreiche Verlierer

Die siebziger Jahre bringen der DDR die internationale Anerkennung, den verstärkten Hang zur Repräsentation, die Gepflogenheiten des internationalen Parketts. Wie ein neureicher Bürger auf dem ersten Hofball, achtet der junge Staat auf Etikette, ständig besorgt, kein ungeschriebenes Gesetz zu verletzen. In internationalen Gremien dominieren die Männer. Die DDR respektiert das. Die Frau, gutaussehend und gebildet, ist Schmuckstück des erfolgreichen Mannes. Das gilt nicht nur für Diplomaten, Wirtschaftskapitäne, Wissenschaftler mit internationalem Flair, das wird zur allgemeinen Mode. Die Frauen übernehmen auch diese für sie neue Rolle. Sie haben Selbstbewußtsein genug, sich nicht als Wurmfortsatz des Mannes zu fühlen, werden sie als tüchtiges, erfolgreich-berufstätiges Prachtstück vom Ehemann oder Berufskollegen auf Gesellschaften oder Kongressen präsentiert. Der Rückzug auf altbürgerliche Sitten bleibt seines Kerns beraubt, denn die Frauen leben nicht für ihre Männer, nicht durch ihre Männer. Sie haben eigene Interessen und Lebensfelder. Solange sie nicht in wesentlichen Dingen eingeschränkt werden, sind sie tolerant, gestatten den Männern die Show. Mehr noch, sie helfen dem Showgeschäft männlicher Eitelkeit auf die Beine, sind privates Schmuckstück und gesellschaftliches Alibi. Kein Kongreß, kein Parteitag ohne die tüchtige Bäuerin, Verkäuferin oder Meisterin am Rednerpult. Mit herzerfrischenden Worten sagt sie, was richtig, was falsch ist, was verändert werden soll und wie das gemacht werden kann. Auf diesen Part sind die Frauen abonniert. Sie dürfen sogar dem verehrten Erich Honecker ein wenig den Kopf waschen. Das Auditorium schmunzelt, freut sich, daß es wieder geklappt hat und eine resolute Frau fundierte Kritik wagt. Die Frau in der traditionellen Rolle der Mutter, die ihre Familienmitglieder »auf Vordermann bringt«. Es erscheint wie ein abgekartetes Spiel; das ist es auch. Die Frauen wissen um die Alibi-Funktion ihrer Soli, um die Scheu der meisten Männer vor offenen Konflikten und damit um die Wirkungslosigkeit ihrer beifällig aufgenommenen Rede. Dennoch spielen sie in diesem Spiel immer wieder mit, ihre einzige Alternative wäre, zu schweigen.

Das geht gegen ihre Natur und ihre gesellschaftliche Erfahrung.
Im Jahr 1980 sind die Frauen, von denen hier die Rede ist, zwischen 40 und 50 Jahre alt. Sie haben viel durchgesetzt, sie sind nachdenklich geworden. Die Menschen in der DDR haben ihr Sendungsbewußtsein verloren, die Aufbruchsstimmung ist verflogen. Es ist nicht mehr zu hoffen, daß mit Vernunft und Anstrengung demnächst eine Umwelt eingerichtet wird, die sich grundsätzlich von der kapitalistischen wie der sozialistischen sowjetischer Prägung unterscheidet. Die Angst vor dem Krieg und der Bombe ist gewachsen, die Zwänge der Industriegesellschaft sind allgegenwärtig. Resignation und der Rückzug in die private Sphäre bestimmen das Leben in der DDR. Die Arbeit wird immer mehr als Erwerbsquelle, immer weniger als natürliches Element des Menschen aufgefaßt. An die Stelle der Aufgabe treten Job oder Karriere. Das »wahre Leben« beginnt nach der Arbeitszeit. Spielarten kleinbürgerlichen Besitz- und Prestigedenkens leben auf. »Erfolg ist Pflicht« heißt eine offizielle Losung. Ihr widersetzen sich vor allem junge Leute, die keinen Sinn darin sehen.

Offensichtlich ist, daß die Söhne und Töchter dieser Frauengeneration wenig interessiert sind, die Kämpfe der Mütter fortzusetzen. Die Kinder erlebten Mütter, die ein intaktes Zuhause lieferten – Ordnung, reduzierte Putzleidenschaft, regelmäßige Mahlzeiten –, Mütter, die sehr beschäftigt mit sich und ihrem Beruf waren, die abends und am Wochenende studierten, die sich um den Betrieb und andere Leute kümmerten, die dem Allgemeinwohl den gleichen Stellenwert gaben wie der Familie. Im Terminkalender der Mutter hatten Kind und Mann einen Platz wie andere Dinge auch. Das ist von den Kindern akzeptiert, jedoch nicht als Lebensprinzip übernommen worden. Die Töchter erlernen Facharbeiterberufe oder studieren, sehen jedoch in ihrer beruflichen Entwicklung nicht unbedingt ihr Lebensziel. Sie sind stark an Ehe und Kindern interessiert, sind gern bereit, sich der Arbeitswelt zu entziehen und sich der Familie zu widmen. Viele Söhne denken ähnlich. Auch sie wollen sich der Industriegesellschaft verweigern, sehen darin einen Ausweg, ihren Frauen den »Kampf im feindlichen Leben« zu überlassen. Die Kinder hat nicht überzeugt, wie ihre Väter und Mütter leben. Am Arbeitsplatz kommen sich die älteren Frauen schon heute oft kurios vor, wenn sie verbissen nach weiblichen Nachfolgern suchen, junge Mädchen dazu überreden, den Meisterbrief zu machen, wenn sie dagegen opponieren, daß männliche Studienbewerber mit der Abiturnote drei angenommen und weibliche mit der Note zwei abgelehnt werden. Sie protestieren, daß bestimmte Berufe den Mädchen wieder verschlossen werden, weil volkswirtschaftlich erwiesen sei, daß der Nutzeffekt weiblicher Arbeitskräfte nicht hoch genug ist. Was ein Leben lang ihr Handeln bestimmte, können die Frauen jetzt nicht aufgeben. Fast automatisch streiten sie für die Ideale ihrer Jugend und finden immer seltener Resonanz bei den Nachgeborenen wie bei ihren männlichen Altersgenossen. Die Absurdität der Situation ist den Frauen bewußt.

Mit Mißtrauen blicken sie auf ihre Siege. Der reiche Katalog sozialer Maßnahmen schützt die Frau und Mutter, erleichtert ihr Leben jedoch nicht in jedem Fall. Bevorzugung treibt die Frau in die Isolation. Bis zum Ende des ersten Lebensjahres des Kindes – ist kein Krippenplatz vorhanden bis zum Ende des dritten Lebensjahres – wird die Frau freigestellt. Der Arbeitsplatz und alle Rechte auf soziale Betreuung bleiben erhalten. Dadurch ist programmiert, daß sich die Frau um Familie und Haushalt kümmert. Hat sich das in jungen Familien erst einmal eingebürgert, ist es schwer rückgängig zu machen. Frauen mit mehreren Kindern arbeiten wöchentlich zwei Stunden weniger als alle anderen Werktätigen. Frauen mit Familie und alleinstehende Frauen über 40 Jahre bekommen monatlich einen bezahlten Hausarbeitstag. In den fünfziger und sechziger Jahren konnte die berufstätige Frau auf Arbeitsteilung in der Familie bestehen, denn sie hatte keine Sonderrechte. Jetzt ist sie aufgrund ihrer Privilegien moralisch in der Defensive. Am Arbeitsplatz ein ähnliches Bild. Müttern erlaubt das Gesetz, Nacht- und Überstundenarbeit im Interesse ihrer Kinder abzulehnen. Wer Kinder unter 16 Jahren hat, erhält wöchentlich einen freien Tag für seine berufstheoretische Ausbildung. Die Qualifizierung der Mütter hat grundsätzlich während der Arbeitszeit stattzufinden. Betriebe sind gesetzlich verpflichtet, Mütter, die sich qualifizieren, »durch materielle und ideelle Anerkennung besonders zu würdigen«. Wer alle diese Vorteile wahrnimmt, ist keine gleichwertige Arbeitskraft. Er leistet weniger bei gleichem Lohn, er ist dem psychologischen Druck seiner Kollegen ausgesetzt. Manche Frau entschließt sich, die erkämpften Rechte nicht wahrzunehmen, um ihre Gleichwertigkeit zu behaupten. Dafür hat nun wieder der Ehemann selten Verständnis. So laviert die Frau, das schlechte Gewissen ist ihr ständiger Begleiter. Oft fühlt sie sich durch die vielen gutgemeinten Sonderregelungen diffamiert, ihr tiefverwurzeltes Minderwertigkeitsgefühl bricht erneut auf. Weder der Gesellschaft noch den Männern ist diese Situation anzulasten. Das sind Tatbestände, die einen Entwicklungsabschnitt markieren, in dem sich 4,7 Millionen berufstätige Frauen befinden. Für die 40- bis 50jährigen ergibt sich daraus keine neue Krisensituation, sie haben sich im Beruf durchgesetzt und fast alles erreicht, wozu sie in der Lage waren. Gerade der Umstand des gewissen Erfolges läßt sie ins Grübeln geraten.

Die Kinder sind wenig geneigt, die Kämpfe der Mütter fortzusetzen. Die Männer stellen ihre Frauen nicht mehr vor die Wahl zwischen Beruf und Familie, sie sind nicht mehr verletzt, ist ihre Frau ökonomisch unabhängig und selbstbewußt. Zu Verbündeten sind die Männer jedoch nicht geworden. Im Konkurrenzkampf der sozialistischen Industriegesellschaft ist die Frau ganz auf sich gestellt, weiterhin schlagen die Zwänge der Arbeitswelt zerstörerisch auf das Privatleben ein. Von 10 000 Einwohnern lassen sich 26,7 scheiden, in der Bundesrepublik hingegen nur 13. Meist beantragen Frauen die Trennung, sie sind nicht glücklich mit ihren Partnern. Das Alleinleben ist ihnen angenehmer als eine unzureichende Partnerschaft. Erstrebenswert ist es dennoch nicht. Die sozialistische Gesellschaft orientiert zunehmend auf die Ehe, gibt seit September 1981 sogar Kredite für Zweitehen junger Leute. Das »wahre Leben« verlagert sich in die Familien, in die Privatsphäre. Bei offiziellen geselligen Veranstaltungen ist der Partner wieder gefragt, Betriebsfeste, Ausflüge, Brigadeveranstaltungen finden jetzt grundsätzlich »mit Angehörigen« statt. Alleinstehende spüren ihr Alleinsein nach getaner Arbeit. So ist nicht verwunderlich, wenn Männer und Frauen sich entschließen, neue Verbindungen einzugehen, die ganz auf das Wohlbefinden des Partners abgestimmt sind. Berufstätigkeit und individuelle Entwicklung werden zweitrangig, erstrangig ist die Harmonie der Zweisamkeit. Männer und Frauen sind des Arbeits- und Geschlechterkampfes müde, sie suchen beim Partner Schutz vor den Härten des Alltags.

Wenn die 40- bis 50jährigen nachdenklich werden, ist es nicht, weil sie glauben, sich revidieren zu müssen. Mit gewissem Spaß leben sie das köstliche Leben, das da Mühe und Arbeit ist. Sie erfahren täglich die vielzitierte Doppelbelastung und wissen, daß man davon nicht erdrückt werden muß. Gesellschaftlicher Aufstieg und berufliche Anerkennung sind erreichbar, wird Kraft und Zeit investiert, wie es die Männer tun. Sexualität und Partnerschaft, Kinder und Familie stehen nicht in unlösbarem Widerspruch zur Selbständigkeit. Dennoch haben die Frauen das Gefühl, etwas versäumt, um etwas Entscheidendes nicht gekämpft zu haben. Sie ahnen, daß die vielen unnützen Dinge, die bürgerliche Frauenzeitungen als Ersatzbefriedigung anbieten, auch Emanzipierten nicht wesensfremd sind. Handarbeit und Kosmetik, Kochen und Basteln sind im Leben der berufstätigen Frau zweckbestimmt. Alles, was sie tut, ist sinnvoll. Sie bemerkt ihre Sehnsucht nach Unproduktivem, nach Unnützem. Sie hat Vergnügen daran, Stunden vor dem Spiegel zu stehen und verschiedene Frisuren auszuprobieren. Sie hat ein schlechtes Gewissen, wenn sie das tut. Sie hat ihr Leben der Vernunft unterworfen, sich mit Erfolg darauf konzentriert, ein vernunftbegabtes gesellschaftliches Wesen zu sein. Der Hang zum Unvernünftigen, Spielerischen ist nur noch eine vage Erinnerung an die Jungmädchenzeit. Nicht die Lebensformen der Mütter und Großmütter, nicht das Leben einer Produktivkraft in der Industriegesellschaft, nicht die Normen einer von Männern geprägten Gemeinschaft sind ihr Ziel. Da die Frauen in der DDR nicht herausgefunden haben, wofür sich demnächst das Kämpfen lohnt, beteiligen sie sich ungern an Debatten über Emanzipation.

Vergangenes Lachen
oder Fünfmal stirbt
ein Narr

Zuckerbrot und Peitsche oder Künstler mit Sendungsbewußtsein

Mit dem »Wind der Weltgeschichte in den Segeln« treten die Künstler der DDR an. Sie sind überzeugt, am Beginn einer neuen Epoche zu stehen. Sie wollen vom großen Umbruch und Aufbruch künden: Johannes R. Becher schreibt Sonett auf Sonett, Bertolt Brecht begründet das Theater des wissenschaftlichen Zeitalters, Hanns Eisler komponiert artifizielle Massenlieder, Peter Hacks bereitet die Renaissance des elisabethanischen Theaters vor, fest an das Aufkommen einer sozialistischen Klassik glaubend. Mit Hegel und Marx im Gepäck an der Seite der Arbeiter soll die klassenlose Kunst erblühen. Sie bedarf der großen, neuen Form. Was verwertbar ist aus der Kulturgeschichte, wird im Hegelschen Sinne »aufgehoben«. Das Verhältnis zu vergangenen Epochen ist kritisch, selten proletkultisch radikal. Das »kulturelle Erbe«, besonders das des humanistischen Bürgertums, findet in der DDR eine Heimstatt. Sozialökonomische Vorgänge und der »neue Mensch« sind das Thema. Wie die neue Form sein wird, ist auszuprobieren; alte Formen werden eingearbeitet. Brecht macht die englischen Königinnen zu Marktweibern, die sozialistische Kunst wird den Bauarbeiter zum König machen. »Ankunft auf der Königsebene« wird zum Motto einiger Jahre.

Die Kunst der DDR ist vital. Sie bleibt es auch, als Zweifel aufkommen, ob tatsächlich das neue Zeitalter angebrochen sei. Die Enttäuschung mobilisiert Kräfte. Der errichtete Tempel von der greifbar nahen »sozialistischen Menschengemeinschaft« wird von Jahr zu Jahr mehr zertrümmert. Die Bruchstücke geben Material für neue Bauversuche. Die frühen Stücke von Heiner Müller bezeugen diesen Vorgang. Getreu dem dialektischen Grundsatz »von der Einheit und dem Kampf der Gegensätze als Triebkraft der Entwicklung« empfinden sich die Künstler als gesellschaftliche Kraft. Sie geben nicht auf. Der Druck des Staatsapparates, dem sie zunehmend ausgesetzt sind, solidarisiert und bestärkt sie. Fest davon überzeugt, daß sich Neues nur im Kampf gegen Altes durchsetzen läßt, treiben sie ihre Versuche weiter, das Lebensgefühl des real existierenden Sozialismus künstlerisch zu fassen. Man kann ihnen, so scheint es, das Sendungsbewußtsein nicht nehmen, wie kompliziert sich die Arbeitsbedingungen auch gestalten. Druck erzeugt Gegendruck. Im Kleinkrieg um die neue sozialistische Kunst gibt es bis heute weder Sieger noch Besiegte.

Vorsicht ist die Mutter der Partei

Vom Manuskript zum Buch ist der Weg steinig. Jeder Verlag hat einen Themenplan, der wird beispielsweise 1980 für das Jahr 1982 erarbeitet. Wie der Name sagt, sind darin die Themen, die ediert werden sollen, festgehalten; ebenfalls der Anteil von Neuerscheinungen und Nachauflagen, der Anteil der unterschiedlichen Genres. Im Jahr 1981 macht man den genauen Titelplan für 1982. Jeder Autor, der seinen Namen darin findet – gleichgültig ob mit Nachauflage oder Neuerscheinung –, kann sich glücklich preisen. Anschließend gibt es den Produktionsplan für 1982. Wer darin verzeichnet ist, hat eine gewisse Gewähr, daß sein Buch wirklich erscheint. So viel Planung muß sein, wird behauptet, wegen des zu beantragenden Papierkontingents und der Koordinierung mit Druckereien. Bereits zugeteiltes Papierkontingent wird den Verlagen oft in letzter Minute gekürzt, weil Schulbücher für die Sowjetunion oder Parteitagsbroschüren in Massenauflagen den Vorrang haben. Eingeplante Druckkapazität wird den Verlagen oft wieder gestrichen, weil kurzfristig Druckaufträge aus der Bundesrepublik oder Schweden angenommen werden, die Valuta einbringen. Geplante Bücher werden auf das nächste Jahr verschoben, das löst eine Kettenreaktion aus, die ganze Planung ist für die Katz.
Legt ein Schriftsteller ein neues Manuskript vor, findet es die Zustimmung des Lektors, des Cheflektors und des Verlagsleiters, so sind zwei »Außen-Gutachter« vonnöten. Als Außen-Gutachter fungieren Literaturwissenschaftler,

Philosophen sowie einschlägige Spezialisten. Besonders vorteilhaft ist, einen Mitarbeiter vom »Institut für Gesellschaftswissenschaften beim ZK der SED« zu bitten. Sein Votum zählt mehr als das eines gewöhnlichen Fachmanns. Versehen mit zwei Gutachten und der Stellungnahme des Verlages, geht das Manuskript zum Ministerium für Kultur/Hauptabteilung Verlage und Buchwesen. Was dort geschieht, weiß man nicht so genau. Sicher ist: Das Manuskript wird dort von einigen Leuten gelesen, und es werden zwei weitere Außen-Gutachter bemüht. Ist man im Ministerium noch immer unsicher, ob das Manuskript der »sozialistischen Sache dient«, werden der Schriftstellerverband, das ZK sowie eine »kulturelle Persönlichkeit«, manchmal der Genosse Professor Hager persönlich, befragt. Gibt es keine Einwände, bekommt das Manuskript den Druckgenehmigungsstempel. Der Verlag darf seine Arbeit aufnehmen. Geht alles seinen »sozialistischen Gang«, vergehen knapp zwei Jahre, ehe ein fertiges Manuskript als fertiges Buch in der Buchhandlung liegt. Das gilt als »schnelle Lösung«.
Solche »schnellen Lösungen« sind selten. Handelt es sich um Gegenwartsliteratur, sind sie geradezu unmöglich. Selbst Manuskripte anerkannter Staatsdichter, solcher treuen Genossen wie Hermann Kant, Erik Neutsch und Dieter Noll, passieren nicht ohne den Hinweis, einige Passagen zu überdenken und neu zu schreiben, nicht ohne kritische Aussprachen die Hürden des Genehmigungsverfahrens. In jeder literarischen Arbeit – mag sie mit noch so aufrichtigem Bemühen geschrieben sein, der Partei- und Staatsführung zu dienen und nichts als zu dienen – steckt der Keim des Aufruhrs. Diese Keime gilt es aufzuspüren und auszumerzen. Da Künstler individualistisch handeln, es aufgrund ihres Berufes geradezu müssen, sind sie ohne Ansehen der Person unter Kuratel gestellt. Der Makel der Individualität wird ihnen nicht angekreidet, lassen sie sich mit Zuckerbrot oder Peitsche von der »führenden Klasse« steuern. Johannes R. Becher nannte das: »Man muß sich immer wieder in Übereinstimmung mit der Gesellschaft bringen.«
Neue Manuskripte sind grundsätzlich verdächtig. Kunst versteht die Parteiführung als Teil der Agitation und Propaganda. Sie beruft sich auf Lenins Aufsatz »Parteior-

ganisation und Parteiliteratur« von 1905, in dem es heißt: »Die literarische Tätigkeit . . . darf überhaupt keine individuelle Angelegenheit sein, die von der allgemeinen proletarischen Sache unabhängig ist. Nieder mit den parteilosen Literaten! Nieder mit den literarischen Übermenschen!« Nun braucht man jedoch »literarische Übermenschen«, sonst entsteht keine Kunst, erst recht keine Kunst von Weltniveau, die man in der DDR ehrgeizig herbeisehnt. Also soll in einem zweiten Arbeitsgang ins individualistische Kunstwerk eingebracht werden, was als »gesellschaftliche Aufgabe« gegenwärtig wichtig erscheint. Das ist der Sinn sozialistischer Kulturpolitik.

Bis vor wenigen Jahren war beispielsweise unvorstellbar, daß ein literarischer Held stirbt. Der Tod hatte nur bis 1945 Einreisegenehmigung in diesen Landstrich. Von diesem Datum an gab es weder Krankheit noch Altersschwäche in der Kunst. Ole Bienkopp, der gleichnamige Held des Romans von Erwin Strittmatter, war die erste literarische Figur, der es nach langer Diskussion gestattet wurde, in einem Mergelfeld auf sozialistischem Boden verzweifelt zu krepieren. Inzwischen hat es in der DDR-Literatur einige Krankheiten, Unglücksfälle, sogar Erscheinungen von Schwermut gegeben, die zum Tode führten. Suspekt bleibt die Sache weiterhin, immer verdächtig des Pessimismus. »Pessimistische Tendenzen«, dieser Globalvorwurf führt oft zum Verbot. Lebt die Heldin in ärmlicher Umgebung und qualifiziert sich nicht, wie die Verkäuferin Paula in Plenzdorfs Film »Paul und Paula«, saufen und raufen die Bauarbeiter, wie in Neutschs »Spur der Steine«, geht eine Ehe schief oder ein Lebenstraum in die Brüche, handelt es sich mit Sicherheit um »pessimistische Tendenzen«. Die haben in »unserem Leben« keinen Platz, sind nicht kunstwürdig. Sind solche Dinge im wirklichen Leben anzutreffen, gelten sie als »nicht typisch«. Es ist nur gestattet, Widersprüche und »Zurückgebliebenheiten« darzustellen, wenn sie überwunden werden. Die Künstler haben den Ausweg zu liefern, das Rezept, wie man damit fertig wird. Diese Forderung wurde bereits an Brechts Mutter Courage, die Unbelehrbare, gestellt. Obwohl Brecht 1949 den Angriff auf die Figur parierte, nachwies, wie unmarxistisch und unbillig solche Forderung ist, wird sie bis zum heutigen Tag

erhoben. Werke, die Figuren in ihrer Widersprüchlichkeit zeigen und belassen, die davon künden, daß ein Künstler nicht den Stein der Weisen in der Hosentasche mit sich trägt, können nur in harten Auseinandersetzungen durchgesetzt werden. Wird ein Minimum an Realismus öffentlich, ist das immer ein Sieg.
Die Partei hat so viele Gesichtspunkte gegen ein Kunstwerk vorzugehen, daß sie von niemand einzukalkulieren sind. Der kulturpolitische Wind kommt ständig aus wechselnden Richtungen. 1982 wird beispielsweise ein Fernseh-Krimi produziert, der den Kunstraub einer bundesdeutschen Bande in einem DDR-Museum zeigt. Der Film beruht auf Tatsachen. Da jedoch ein Treffen zwischen Helmut Schmidt und Erich Honecker geplant ist, darf das Fernsehen keine West-Ganoven zeigen. Der Film wird verboten, die West-Gangster müssen rausgeschnitten werden, danach darf der Film möglicherweise gesendet werden. Dieses triviale Beispiel erhellt, welchen wahnwitzigen Anschuldigungen und Einengungen DDR-Künstler tagtäglich ausgesetzt sind.
Nicht nur der Inhalt, auch die Form ist grundsätzlich der »falschen Sicht« verdächtig. Das ästhetische Empfinden der führenden Genossen scheint im 19. Jahrhundert angesiedelt zu sein. Sie lieben das Althergebrachte, haben oft überhaupt keinen Kunstverstand oder einen kleinbürgerlichen Geschmack. Deshalb endet die sogenannte »Formalismus-Debatte«, der Vorwurf der Dekadenz, nie. »Kitsch ist weniger gefährlich als Avantgardismus«, sagte einmal ein einflußreicher Kulturpolitiker, befragt, warum billige Schlager-Schnulzen und Fernsehschwänke à la Ohnesorg nicht reduziert oder ganz verboten werden. Dafür werden in regelmäßigen Abständen Kampagnen gegen den bürgerlichen Formalismus gestartet. Sie galten den Blumenvasen in Röhrenform, der Rückblende in der Epik, dem inneren Monolog, der Collage, der modernen Schnitt-Technik im Film, unnaturalistischen Theaterkostümen, der Verwendung von Masken in zeitgenössischen Stücken, der Zwölftonmusik. Kurzum: Jeder Versuch, neue künstlerische Formen auszuprobieren und alte zu beleben, wird erst einmal als spätbürgerliches Teufelswerk abserviert. Dieser kleine Katalog der Behinderungen enthält nur einen Bruch-

teil der tatsächlichen, und keiner ahnt, was morgen möglicherweise nicht erlaubt ist.
Einen großen Teil ihrer Kraft und Zeit verwenden DDR-Künstler darauf, überhaupt an den Hörer, Leser, Zuschauer und Kunstbetrachter heranzukommen. Im Theater muß neuerdings jedes Stück, das gespielt werden soll, auch ein klassisches, vom zuständigen Kulturminister genehmigt werden. Beim Film und Fernsehen sind noch mehr Abnahmekommissionen am Werk als bei den Verlagen. »Vorsicht ist die Mutter der Partei«, sagen die führenden Genossen und installieren immer neue Beiräte, Ausschüsse, Repertoire-Kommissionen, Abnahmegremien und Arbeitsgruppen. Ein Netz über dem ganzen Land. Man wird erinnert an Brechts Lied aus »Die Mutter«, geschrieben 1931.

Sie haben Zeitungen und Druckereien
Um uns zu bekämpfen und mundtot zu machen
(Ihre Staatsmänner zählen wir nicht!)
Sie haben Pfaffen und Professoren
Die viel Geld bekommen und zu allem bereit sind.
Ja wozu denn?
Müssen sie die Wahrheit so fürchten?

48 Jahre später beschreibt Kurt Bartsch den Tatbestand wesentlich heiterer in dem Gedicht »Märchen«.

Märchen

B. hat ein Manuskript geschickt, sagte der Lektor
Mit ängstlichem Blick auf den Verlagsleiter, der Verlagsleiter
Mit ängstlichem Blick auf den Minister, der Minister
Mit ängstlichem Blick auf die Bezirksleitung, die Bezirksleitung
Mit ängstlichem Blick auf das ZK, das ZK
Mit ängstlichem Blick auf das Politbüro, das Politbüro
Mit ängstlichem Blick auf den Kreml, der Kreml
Mit ängstlichem Blick zu Gott, worauf dieser
Den langen kalten Winter 1979 beschloß.

(aus: Kurt Bartsch, Kaderakte, Rowohlt Verlag, Reinbek 1979)

Glanz und Elend der Prügelknaben

Die Kunst der DDR wird gepflegt und bewacht, beschnitten und gedüngt von Kulturfunktionären. Sie sind die Vermittler zwischen Partei und Künstler. Als Kulturfunktionäre gelten Lektoren, Musikwissenschaftler, Dramaturgen, Museumsmitarbeiter, Bibliothekare, Redakteure, Filmproduzenten, Kunsthändler, Kritiker sowie Leute in Betrieben, Verbänden, Kommunen, Ministerien und im Parteiapparat, die sich mit Kultur befassen. Meist fühlen sie sich stark zur Kunst hingezogen, deshalb wählten sie diesen Beruf. Von der Staatsmacht werden sie bezahlt, damit sie die Künstler in die jeweils gewünschte Richtung lenken und die derzeitige kulturpolitische Linie propagieren. Von den Künstlern werden sie als Anwälte benutzt, die neue Werke der Staatsmacht gegenüber verteidigen oder sie in der Öffentlichkeit durchsetzen. Es ist ein Beruf, der vom Konflikt zwischen Geist und Macht lebt. Viele Kulturfunktionäre zerbrechen an dieser Aufgabe, werden Alkoholiker, Zyniker oder Doppelzüngler. Redakteure des »Neuen Deutschland« beispielsweise betäuben nach der Spätschicht ihr schlechtes Gewissen in Alkohol. In Rundfunkanstalten und Dramaturgien steht die Wodkaflasche stets griffbereit. Der Nervenzusammenbruch und die alljährliche Kur gehören zum Berufsbild. Nicht selten kapituliert ein Mensch vor der Schizophrenie dieser Tätigkeit. Er schlägt sich auf die Seite der Künstler oder auf die Seite der Politiker. Er verliert dadurch seine gesellschaftliche Existenzberechtigung, gewinnt seine persönliche Identität zurück. Er entflieht dem Widerspruch, der ihn zu zerreißen droht, und wird fortan gelobt von der einen Seite, verachtet von der anderen.

Es ist falsch, pauschal von »den Kulturfunktionären« zu sprechen. Es gibt drei Arten: die Apparatschiks, die unreflektiert Weisungen der Staatsmacht durchzusetzen versuchen; die Kunstjünger, die sich als Sprachrohr oder Echo der Künstler verstehen; die Zwitter, die zwischen diesen beiden Anschauungen lavieren, vermitteln. Vertreter aller drei Arten findet man in jeder Institution, vom Ministerium bis zum Kreisvorstand des Kulturbundes. Von Interesse sind die »Vermittler«. Sie sind die Erben des Jacob Paul Gundling, der vom Hof Friedrich Wilhelms I. flieht, reumütig zurückkehrt, sich in den Dienst des unsensiblen Soldatenkönigs stellt, Akademiepräsident wird, dem Tabakskollegium angehört, von Offizieren zu den Bären gesperrt wird; vom Gundling, der am Wein und an seinem Zwiespalt starb. So etwa sind diese Kulturfunktionäre. Unfähig, der Obrigkeit ihre Kenntnisse zu verweigern, versuchen sie mit Vernunft und Tricks, Monarchen aufzuklären. Wir haben es mit dem seltenen Fall zu tun, daß Kompromißlertum das Zusammenspiel von Geist und Macht befördert.

Die »Vermittler« sind durch scheinbare Naivität gekennzeichnet. Was immer geschieht, sie lassen sich ihren Optimismus nicht rauben. Sie regen Künstler an, »heiße Eisen« zu gestalten, sie beschaffen Stipendien und Vorschüsse, besorgen Hintergrundinformationen, stellen Kontakte zu »führenden Persönlichkeiten« und Spezialisten her. Erweist sich, daß eine Ausstellung in der Hauptstadt nicht stattfinden darf, probieren sie es in der Provinz oder in einem Großbetrieb. Überall im Land haben die »Vermittler« Freunde und Bekannte. Was sich nicht direkt durchsetzen läßt, wird auf Umwegen versucht. Der Enthusiasmus dieser Leute wirkt rührend, fast kindlich. Dabei sind sie meist knallharte Profis, erfahren im Taktieren und Manipulieren. Sie geben Tips, was in ein Manuskript aufzunehmen ist, um die Zensur abzulenken. Bestimmte Passagen werden oft nur geschrieben, um gestrichen zu werden, damit andere »durchkommen«. Auch sind sie Meister der »Tui-Künste«, die Brecht im »Kongreß der Weißwäscher« beschrieb. Jede Idee, jedes Projekt muß vorher begründet, seine »gesellschaftliche Notwendigkeit« muß nachgewiesen sein. Im Anfertigen solcher Papiere haben sich diese Kulturfunktionäre zu Könnern entwickelt. Im Erfinden sogenannter Initiativen aufgrund der aktuellen Parteilinien sind sie Meister. Ins vorgegebene Konzept passen sie ihre Ideen und Pläne ein. Sie sind gewohnt, das »Schubkastendenken« der Partei für sich zu nutzen. Sie schaffen es immer wieder, jeder Sache die Auslegung anzudichten, die gerade gefragt ist. Aufgrund solchen Vorgehens werden Parteibeschlüsse mit »Leben erfüllt«. Wird beispielsweise die »engere Verbindung mit den Massen« gefordert, organisiert man Dichterlesungen, Ausstellungen, Konzerte und Gespräche in

Großbetrieben. Es werden Künstler vom Wert solcher Begegnungen überzeugt, es wird dafür gesorgt, daß unveröffentlichte Manuskripte oder sogenannte »problematische Kunst« ins Gespräch kommt. Das schafft Tatbestände. Hat beispielsweise ein Dichter in 20 Betrieben erfolgreich aus einem unveröffentlichten Manuskript vorgelesen und gibt es über die dortigen Diskussionen Tonbandprotokolle, kann das der Veröffentlichung förderlich sein. Wird beispielsweise in einem Plenum »Mut zum Risiko« gefordert, entstehen Experimentierbühnen, Kabarettgruppen und kleine Galerien in jeder größeren Stadt. Sind sie installiert, arbeiten sie erst einmal, ist das von Vorteil, selbst wenn diese Unternehmungen angefeindet und später geschlossen werden. Jede Gelegenheit wird wahrgenommen, neue Kunst öffentlich zu machen.
Selbst so ein Dauerbrenner der Agitation wie die Deutsch-Sowjetische Freundschaft, »die Herzenssache«, ist jederzeit gut für Mobilisierung. Verlage und Theater graben vergessene Manuskripte der revolutionären russischen Künstler aus, entdecken unbekannte Autoren in den Nationalkulturen dieses Riesenreichs. Das bringt inhaltliche und formale Anregungen. Das bringt Novitäten auf den Kulturmarkt. Das schafft den Dichtern konkrete Arbeit und Geld. Mancher Lyriker hat durch Nachdichtungen seine künstlerischen Fähigkeiten ausgebildet und gleichzeitig »überwintert«, als seine eigenen Werke nicht veröffentlicht werden durften. Auch Dramatiker, die ins Abseits gestellt waren, eroberten sich die Bühne zurück durch Bearbeitung epischer Werke aus der Sowjetliteratur. Im Namen der Deutsch-Sowjetischen Freundschaft ist vieles möglich, was ansonsten unmöglich erscheint.
Ähnliches geschah in der bildenden Kunst. Der weltweite Protest gegen den Vietnamkrieg erlaubt den Malern, Grafikern und Bildhauern seit Jahren erstmalig, die Zerrissenheit des Menschen darzustellen, Ängste, Grauen und Ratlosigkeit zu zeigen. Möglich wird auch, neue Formen auszuprobieren, sich mit den verfemten Richtungen der Dekadenz aller Kunstepochen auseinanderzusetzen. Die bildende Kunst belebt sich. Neue Namen tauchen auf. Unter Bildern, die wenige Jahre vorher niemals das Licht einer Ausstellung gesehen hätten, stehen Titel, die auf

Vietnam oder Chile verweisen. Das politische »Schubkastendenken« macht's möglich.

Es ist nicht ohne Tragik, daß die Sklavensprache zum Motor kultureller Entwicklung wird. Daran sind die lavierenden Kulturfunktionäre mitschuldig. Sie vermeiden die direkte Konfrontation, drängen die Künstler, sich taktisch zu verhalten. Das Einspruchsrecht des Staates in Kunstangelegenheiten wird nicht in Frage gestellt, man weicht unaufhörlich aus, man trickst. So verraten diese Kulturfunktionäre letztendlich die Politiker und die Künstler, also beide Herren. So verraten sie sich selbst und die sozialistische Kunst, der sie zum Durchbruch verhelfen wollen. Befangen im Pragmatismus, kalkulieren sie nur »das Mögliche«, sind in diesem Rahmen einfallsreich und anregend. Sie versuchen selten »das Unmögliche«.
Von Jahr zu Jahr werden so die Ansprüche schmaler. Es entbehrt nicht der Lächerlichkeit, wenn Lektoren stolz auf ein Buch verweisen, in dem eine gewisse Stelle nicht gestrichen wurde, wo doch zehn andere Passagen dem Rotstift zum Opfer fielen. Feiert ein Rundfunkredakteur es als Sieg, daß zur Mitternacht zehn Minuten aus einem unveröffentlichten Manuskript vorgelesen wurde, ist das peinlich. Verkündet ein Theatermann, daß vor geladenem Publikum zwei Aufführungen einer brisanten Inszenierung in einem Kellertheater stattfinden, ist das kein Grund zum Triumphieren. Gelingt einem Kunstwissenschaftler, regelmäßig Ausstellungen junger Künstler in einem abgelegenen Forschungszentrum zu zeigen, zu dem kein gewöhnlicher Sterblicher Zutritt hat, gilt das als Heldentat. Es ist lächerlich. Es ist dennoch großartig: Jede dieser Unternehmungen zeugt von ungebrochener Vitalität. Sie kann den beteiligten Künstler bestärken, seine Arbeit fortzusetzen, sie kann dem Initiator das Berufsverbot einbringen.
Geduldig nimmt der lavierende Kulturfunktionär hin, daß er von allen Seiten Prügel bezieht, weil er ein Kompromißler ist. Er nimmt hin, daß er alle paar Jahre strafversetzt wird, weil er zu hart oder zu weich hantierte. Wie ein Stehaufmännchen sucht er andernorts seinen Wirkungskreis, geht in einen Großbetrieb oder einen Künstlerverband, in ein abgelegenes Kulturhaus oder macht Kulturar-

beit im Dorf. Man kann sicher sein, nach drei Jahren ist er wieder im Gespräch, weil in seiner Umgebung etwas geschieht, was gelobt oder getadelt wird. Solche Leute sterben nicht aus. Glanz und Elend der Prügelknaben, die niemand schätzt – die dennoch gebraucht werden.

Die Notbremse

Die Sicherheitsvorkehrungen, die reichlich vorhandenen, sie nützen fast nichts. Immer wieder ist ein Film, ein Buch, eine Ausstellung im Gespräch, obwohl das Werk »nicht in unsere sozialistische Landschaft paßt«. Niemand weiß, wie es dazu kommen konnte. Die Verantwortlichen werden zur Verantwortung gezogen. Doch das genügt nicht. Ein Problem ist in der Welt. Die Politiker schäumen, drohen: »Ich ziehe meine Hand zurück.« Die konformen Kulturpolitiker stöhnen: »Nun kann ich euch nicht mehr helfen.« Diejenigen, die das Kunstwerk »verbrochen« und zugelassen haben, sitzen erstarrt wie das Kaninchen vor der Schlange. Oft ahnen sie nicht, was ihnen eigentlich vorgeworfen wird. Sind es die Neubaugebiete, die im Film erscheinen und nicht optimistisch genug aussehen? Ist es die Hauptfigur, ein Arbeiter, der nicht die zukunftsfrohen Züge der gesamten Klasse trägt? Liegt es am Ende, oder ist der Ausgangskonflikt vorgestern zum »Tabu« erklärt worden? Protestieren die Lehrer, weil ihre Berufsgruppe falsch dargestellt ist, oder wird man der gefährlichen Darstellung eines Generationskonflikts verdächtigt? Wer in Ungnade gefallen ist, findet nirgends mehr Gehör, er antichambriert umsonst. Er erfährt nicht, auf welche Weise er abgeurteilt werden wird. Ist das Werk noch nicht öffentlich geworden, wird es verboten. Bücher verschwinden in abgelegenen Ställen oder im Reißwolf, Filme in versiegelten Archiven, Theateraufführungen finden einfach nicht statt. Geld spielt keine Rolle. Ist das Werk bereits öffentlich geworden, gibt es zwei Methoden: den Skandal und die Verleumdungskampagne.

Der Skandal wird erstmalig 1951 geprobt, bei der Uraufführung der Brecht/Dessau-Oper »Das Verhör des Lukullus«.

FDJler und eingeschleuste Randalierer mimen »kochenden Volkszorn«, stören die Premiere. Der Beweis ist erbracht, die Künstler haben sich vom Volk entfernt, die Oper wird abgesetzt und muß überarbeitet werden. Normalerweise wird nur abgesetzt. Bei der inszenierten Randale zur Uraufführung des Films »Spur der Steine« im Jahr 1965 wird versäumt, die bestellten Krakeeler wenigstens minimal zu instruieren. Sie haben keine Ahnung, wogegen sie brüllen sollen. So beginnen sie sofort, nämlich als der Publikumsliebling Manfred Krug auf der Leinwand erscheint. Als im Film ein Volkspolizist von Bauarbeitern ins Wasser geworfen wird, muß die Vorführung unterbrochen werden. Solche inszenierten Skandale sind selten, sie gehören jedoch zum Repertoire sozialistischer Kulturpolitik. Im Parteijargon heißt das: »Mit der Arbeiterfaust reinschlagen.«

Die gängige Methode des »Mit-der-Arbeiterfaust-Reinschlagens« ist die Kampagne. Sie gab es gegen Ernst Barlach und Käthe Kollwitz, gegen die »dekadente Kunst« ganz allgemein; heute richtet sie sich gegen Filme, Bücher, Theaterstücke, Fernsehspiele. Am Beginn solcher Kampagnen steht ein Leserbrief im »Neuen Deutschland«. Ein Arbeiter von irgendwo schreibt, daß es nun nicht mehr zum Aushalten sei. Er wirft den Künstlern vor, jeglichen Blick für die schöne Realität verloren zu haben, abseits vom lichten Zukunftsweg zu wandeln, mit der Brille des Skeptizisten nach den wenigen unaufgeräumten Ecken der neuen Gesellschaft zu fahnden. Die beliebteste Überschrift solcher Beiträge lautet: »Quo vadis?« Das Manuskript ist selbstverständlich in der Agitationsabteilung des ZK entworfen, in stundenlangen Beratungen mehrmals geändert und von verschiedenen Stellen genehmigt worden, ehe es einem Arbeiter zur Unterschrift vorgelegt wird. Nach Erscheinen dieser »Stimme des Volkes« werden alle Zeitungen, Rundfunksender und das Fernsehen verpflichtet, sich an der Kampagne zu beteiligen. Sie bekommen gesagt, in welchem Umfang das stattzufinden hat. Die Journalisten haben ihrer Ehrenpflicht, »kollektiver Organisator und Agitator der Partei« zu sein, umgehend nachzukommen. Eine Flut von Lesermeinungen kommt auf. Diese Leserbriefe werden praktischerweise von den Redakteuren meist

selbst verfaßt und mit erfundenen Namen gezeichnet. Das spart Zeit und hat den Vorteil, daß eine »ausgewogene Diskussion« ins Blatt kommt, die alle anzuprangernden Aspekte beinhaltet. Auf spontan eintreffende Lesermeinungen ist nicht so recht Verlaß. Zweck solcher Kampagnen ist, der Bevölkerung eine bestimmte Sichtweise auf Kunstwerke beizubringen, die Künstler einzuschüchtern und die moralische Grundlage für ein Verbot zu liefern.
Nach gleichem Schema werden Erfolge initiiert. Schulklassen und Werktätige kommandiert man in Filmaufführungen, emphatische Lobeshymnen erscheinen als Leserbriefe, Zeitungen und Fernsehen veranstalten Foren mit den Schöpfern des Kunstwerkes, und schon ist der Film »Ernst Thälmann – Sohn seiner Klasse« oder »Karl Liebknecht« das Meisterwerk aller Zeiten und Klassen. Der Lorbeer solcher Verherrlichungs-Kampagne wird dem Fernsehdramatiker Benito Wogatzki von 1965 bis 1967 zuteil. Seine Serie »Meine besten Freunde« (Meister Falk) macht das »Neue ökonomische System der Planung und Leitung«, sein Fernsehspiel »Zeit ist Glück« macht die »Wissenschaftlich-technische Revolution« populär. Dafür werden Wogatzki Ehrungen gereicht, wie keinem zuvor und danach. Das »Neue Deutschland« widmet ihm Zeitungsseite für Zeitungsseite, weder Bertolt Brecht noch Johannes R. Becher, weder Picasso noch Schostakowitsch wurden irgendwann so ausführlich und stürmisch gefeiert.
Die »Notbremse« muß im sozialistischen Kulturbetrieb häufig gezogen werden. Die Art und Weise, in der das geschieht, ist unterschiedlich. Wie fragwürdig die Methode ist, erhellt eine Begebenheit; sie fand in aller Stille in einer Provinzmetropole statt.
Die Ausstellung eines begabten, aber wenig geschätzten Malers war kontrolliert, genehmigt und eröffnet. Zwei Wochen danach verlangt die Kulturverantwortliche der SED-Bezirksleitung, zwei Bilder umgehend zu entfernen. Die Werktätigen hätten sich beschwert, weil diese Bilder einem Unterzeichner der Biermann-Petition gewidmet sind. Was die Bezirksleitung wünscht, wird getan. Unabhängig von den Wünschen der Bezirksleitung geschieht folgendes: Ein weltberühmtes Museum der DDR kauft dem Maler zwei Bilder ab – jene, die abgehängt werden mußten.

Liebling der Götter

Künstler werden ist nicht schwer. Jeder, der sich in dem Gewerbe versucht, wird zunächst gefördert. 10 000 bis 25 000 Laienkünstler treten alljährlich zu den Arbeiterfestspielen auf. Den Arbeiterfestspielen gehen Betriebs-, Kreis- und Bezirksausscheide voraus. Nur die Besten sind in jedem Juni auf dem »Festival der Volkskunst« zu erleben. In Laienzirkeln wird ernsthaft gearbeitet, Berufskünstler betreuen sie. Es ist nicht das Ziel, alle malenden, singenden, theaterspielenden, filmenden, musizierenden, schreibenden Arbeiter zu Künstlern zu machen, aber es entsteht ein kunstverständiges Publikum.

Künstlerischer Nachwuchs ist gefragt, Kunst überhaupt. Der Schriftstellerverband hat in jedem Bezirk eine »Arbeitsgemeinschaft junger Autoren«, es gibt ein Literaturinstitut in Leipzig, dort kann man drei Jahre Schriftstellerei studieren. Die Schauspielschulen fahnden in Laiengruppen nach Talenten (besonders nach männlichen), die Kunsthochschulen richten Vorbereitungskurse ein, Musikschulen gibt es in jeder Kreisstadt, begabte Kinder bekommen dort eine fundierte Ausbildung. Wer Lust hat, künstlerisch tätig zu werden, findet Gelegenheit dazu. Ist nur ein geringer Talentbeweis erbracht, eröffnen sich Möglichkeiten, das Talent zu trainieren: Freizeit, Lehrkräfte, Ateliers, Probenräume, Handwerkszeug und Gelder werden zur Verfügung gestellt. Nicht üblich ist, den erlernten Beruf sofort an den Nagel zu hängen, will man Schriftsteller, Musiker oder Maler werden. Üblich ist, sich längere Zeit nebenberuflich in einem künstlerischen Metier zu versuchen, erst dann den Beruf zu wechseln, wenn man seiner sicher ist. Die meisten namhaften Künstler der DDR übten vorher einen »gutbürgerlichen« Beruf aus, viele waren Arbeiter. Selbstverständlich ist auch der gerade Weg möglich: Schule, Kunsthochschule, Künstler.
Die verschiedenen Künste genießen zu verschiedenen Zeiten unterschiedliches Ansehen. Literatur ist immer erwünscht, sie wird gleichzeitig besonders wachsam beobachtet. Das Wort scheint ein gefährlich Ding, jeder kann es verstehen. Die Musik – hochgeschätzt, gehört sie zum Erbe

– wird streng observiert, bekommt sie einen neuen Klang. Wegen der verpönten Jazzmusik gingen in den 50er Jahren Leute ins Gefängnis; Beat und Rock wurden erst unterdrückt, später geduldet. Durch das Verbot, ausländische Musiktitel zu spielen – als Norm gilt: zwei einheimische, ein ausländischer –, entwickelt sich früh und kräftig die deutschsprachige Rockmusik. Sie ist mittlerweile ein angesehener Exportartikel. Die Singebewegung der FDJ, allen voran der »Oktoberklub«, soll dem westlichen Einfluß entgegenwirken. Sie findet große Resonanz bei jungen Leuten. Ihre Aufgabe, mit sozialistischem Folk-Song den Beat und den Rock aus dem Felde zu schlagen, erfüllt sie nicht. Dennoch ist sie ein Lieblingskind der Götter. In gewissem Sinne ersetzt sie die junge sozialistische Lyrik, weil sie munter-bejahend den »real existierenden Sozialismus« und die Partei lobt. Die bildende Kunst vegetiert jahrelang. In den 70er Jahren eine Explosion der Talente, ein Wandel der Formen und Inhalte. Aus dem, was die Malerei betrifft, wenig beachteten Leipzig weht ein frischer Wind. Die bildende Kunst bekommt plötzlich Freiräume, Aufträge, Stipendien, Orden und Ehrenzeichen wie nie zuvor. Sie wird zum »Nonplusultra« gekürt und zum Exportartikel. Auf der Biennale 1982 macht sie Furore. In den 60er Jahren wiederum gibt es eine Zeit, da gilt die Fernsehdramatik als einzig dem Sozialismus gemäße Kunst. Alle Liebe und Güte, alle Gelder und Nationalpreise den Massenmedien. Wer ihnen nicht dient, ist der Reaktion verdächtig. Der Fernsehroman wird erfunden, neue Serien und Mehrteiler en masse flimmern über den Bildschirm. Der »heiße Fernsehsommer« heißt eine Parole der Agitationsabteilung des ZK. Doch leider: man flimmerte nur zwei Sommer.

Der Götter Neigung ist wandelbar, ihre Huld trifft Gerechte und Ungerechte. Warum zu einer Zeit die, zu anderer Zeit jene Kunstgattung hofiert wird, das hat einmal außenpolitische, das andere Mal innenpolitische Ursachen. Der Grund kann ebensogut sein, eine Gattung entwickelt sich so kräftig, daß sie nicht länger totzuschweigen ist. Der Grund kann auch sein, daß ein paar geschickte Kulturfunktionäre ihre Spezialbranche den Herrschenden schmackhaft zu machen wissen. Der kulturpolitische Wind weht nicht

nur aus wechselnden ideologischen Richtungen, er dreht sich mal dieser, mal jener Kunstgattung zu.
Die Kulturpolitik des Landes läßt sich nicht auf einen Nenner bringen. Zwietracht steht an ihrer Wiege. So ist es kein Wunder, daß sie sich divergierend entwickelt. Die Paten der DDR-Kunst kommen nach dem Krieg aus der Emigration oder aus dem Konzentrationslager. Sie heißen: Becher, Brecht, Wolf, Kuba, Langhoff, Eisler, Busch, Zweig, Seghers beispielsweise. Sie bringen unterschiedliche Kunstauffassungen, Assimilationsmerkmale ihrer Emigrationsländer sowie ihre alten Feindschaften mit. Sofort entbrennt der Kampf darüber, wie die neue Kunst dieses neuen Staates beschaffen sein soll. Wer ist der Erbe des »echten Ringes«? Mit »Nathan der Weise« wird am 7. September 1945 das »Deutsche Theater« in Berlin wiedereröffnet. 27 Jahre danach, betrachtet man die Kulturlandschaft der Deutschen, erscheint das als böses Omen oder als Farce. Der Kulturstreit wird politisch eingefärbt, er nimmt zeitweise mörderische Dimensionen an. Er geht von Ost nach West, von West nach Ost. Mehr als nur zwei Richtungen bekämpfen sich in der jungen DDR, dazwischen werden persönliche Feindschaften ausgetragen, wird wegen persönlicher Freundschaft dieser oder jener bevorteilt. Das Land, reich an Talenten unterschiedlichster Art, wird geschüttelt von den Diadochenkämpfen der Künstler. Während das Land von Stalins GPU mit harter Hand regiert wird, finden die Künstler keine gemeinsame Basis.
Um jede Richtung und um viele Personen sammeln sich Meisterschüler. Die jungen Künstler haben das Glück, ausgezeichnete Lehrer zu finden, die den Atem der Weltkunst einbringen. Die jungen Künstler werden in das kulturpolitische Gerangel einbezogen, erlernen die Intrige. Ihre Fehden tragen sie bis heute häufig mit Hilfe der politischen Verleumdung aus. In der zweiten Künstlergeneration vermischen sich die Auffassungen. Becher fördert Günter Kunert, Brecht fördert Erwin Strittmatter. Diese Schüler sind nicht einzig von ihren Meistern beeinflußt und werden nicht Stellvertreter für diese zwei Kunstauffassungen.
In den 60er Jahren bricht die nächste Generation auf. Sie ist unter dem Kennwort »Lyrikwelle« bekannt geworden. Der

Aufbruch fand nicht nur in der Literatur statt. Die Jungen verleugnen ihre geistigen Väter nicht, sie gehen jedoch unbotmäßig mit ihnen um. Sie werden von der Partei bekämpft, weil sie einen angeblich nicht vorhandenen Generationskonflikt schüren. Wieder handelt es sich um keine einheitliche Gruppierung, was an Namen wie Wolf Biermann, Sarah Kirsch und Volker Braun leicht erkennbar ist. Erst Biermanns Ausbürgerung im Jahr 1976 schafft eine Frontenbildung, weil die Staatsmacht jedem Künstler die »Gretchenfrage« stellt. Auch diese Fronten beginnen sich zu verwischen, obwohl die Parteiführung mit Zuckerbrot und Peitsche ihr »divide et impera« fortsetzt, während sie die einheitliche sozialistische Kultur der DDR lauthals verkündet.
Die Musen schweigen nicht. Bis heute gibt es weder Sieger noch Besiegte. Bertolt Brecht, der mittlerweile zum verehrten Klassiker aller Jahrgänge und Richtungen avanciert ist, schrieb 1953 in den Buckower Elegien:

Die Musen.

Wenn der Eiserne sie prügelt
Singen die Musen lauter.
Aus gebläuten Augen
Himmeln sie ihn hündisch an.
Der Hintern zuckt vor Schmerz
Die Scham vor Begierde.

Rotbücher, eine DDR-Auswahl

S. Anderson/R. Kerbach, *Totenreklame*
Eine Reise. Rotbuch 273. ca. 128 S. mit Abb. ca. DM 12

S. Anderson, *Jeder Satellit hat einen Killersatelliten*
Gedichte. Rotbuch 253. 80 Seiten. DM 9

Erich Köhler, *Kiplag Geschichten*
Rotbuch 243. 136 Seiten. DM 10

Erich Köhler, *Reise um die Erde in acht Tagen*
Phantastische Erzählung. Rotbuch 204. 160 Seiten. DM 10

Erich Köhler, *Der Krott*
Erzählung. Rotbuch 146. 96 Seiten. DM 7

Paul Gratzik, *Kohlenkutte*
Roman. Rotbuch 260. 192 Seiten. DM 12

Paul Gratzik, *Transportpaule oder wie man über den Hund kommt.* Monolog. Rotbuch 171. 200 Seiten. DM 10

Heiner Müller, *Geschichten aus der Produktion 1*
Prosa / Stücke / Gedichte / Protokolle
Rotbuch 108. 160 Seiten. DM 9

Heiner Müller, *Geschichten aus der Produktion 2*
Rotbuch 126. 136 Seiten. DM 8

Heiner Müller, *Die Umsiedlerin oder Das Leben auf dem Lande*
Rotbuch 134. 136 Seiten. DM 8

Heiner Müller, *Theater-Arbeit*
Rotbuch 142. 128 Seiten. DM 9

Heiner Müller, *Germania Tod in Berlin*
Rotbuch 176. 96 Seiten. DM 8

Heiner Müller, *Mauser*
Rotbuch 184. 96 Seiten. DM 8